圖解·實用·套色·易懂　　實用投資系列│2

謝劍平、林傑宸——著

小資**致富,**
基金投資
聰明存錢

【自序】

　　進行投資理財時，人們常常會問：「要自己投資股票呢？還是把錢交給專業人士操作比較好？」關於這個問題必須視每個投資人的情況而定，如果你有時間，也有投資的專業，加上能承擔較高的風險，就比較適合自行操作股票，省卻將錢交給專業人士操作的管理費。相反的，如果你沒有上述的條件，把錢交給專業人士管理可能會是比較好的選擇。

　　目前在市場上可供民眾選擇的資產管理服務，主要有代客操作及基金業務。代客操作就是接受客戶的委託，業者根據量身訂做的契約幫客戶操作，盈虧完全由客戶自行負擔，業者則從中賺取管理費。由於代客操作是針對特定人所提供的客製化服務，所以投資門檻比較高，須具備500萬元以上的資金才可承做，這高門檻對大部分的民眾而言根本就是緣木求魚。

　　相對的，基金業務是針對不特定的民眾所提供的標準化資產管理服務，投資門檻極低，每個月只要有3,000元就可以投資了。一般民眾如果要將多餘的資金交給專業人士操作，選擇適合的基金投資就可以達成了。

　　市面上的基金商品琳瑯滿目，一般民眾常常會問：「要選擇哪一類或哪一檔基金投資」、「什麼時候進場、什麼時候出場比較好」等問題。雖然投資基金等同將錢交給專業人士操作，沒有選股的煩惱，但投資人仍要了解各類基金商品的基本特性，從中選擇適合自己投資屬性或需求的商品。例如，如果你是保守的投資人，就不適合投資高風險屬性的基金；如果你是積極的投資人，高風險屬性的基金就可以投資。此外，投資人也必須掌握買賣基金的時機，由於

基金不適合短線操作（因為交易成本太高了），所以投資人只要能掌握大波段的買賣時點即可，另外也可以利用基金獨特的定期投資方法免除選擇時機的煩惱。

本書是專為理財新手，或對共同基金市場有興趣、但又不知從何著手的讀者而寫。讀者除了可以從本書了解到基金投資的優點以及各式主流基金商品的基本特性外，也能知道買賣基金的管道與流程。本書鉅細靡遺地將基金市場的運作實務，以圖解的方式將每一交易環節呈現給讀者了解。

除此之外，本書也分享了一些如何挑選基金以及掌握買賣時機的要訣，以提供讀者參考，希望讀者能夠建立屬於自己的投資邏輯，不要被市場過度樂觀以及過度悲觀的情緒牽著走。

CONTENTS
目錄

第2篇

基本類型的基金

第3篇

特殊類型的基金

C目錄ONTENTS

第4篇

如何買賣基金？

第5篇

如何挑選基金？

C目錄NTENTS

第6篇

如何掌握買賣基金的時機？

第 1 篇

什麼是共同基金？

近年來，隨著利率逐步走低，銀行的定期存款已經無法滿足現代人的理財需求，起而代之的則是各式各樣的金融工具。然而，在琳瑯滿目的金融工具之中，投資人往往不知如何選擇，於是市場上便發展出各種型態的資產管理業務，幫助投資人進行理財規劃，「共同基金」就是其中最受小額投資人歡迎的資產管理業務。

共同基金的概念很簡單，就是將多數投資人的資金集合在一起，再由專業的資產管理機構負責管理的一種資產管理業務。以台灣為例，共同基金是由「投信公司」以發行「受益憑證」的方式向投資大眾募集資金，然後聘請專業的基金經理人進行操盤，基金資產則交給「基金保管機構」保管，投資盈虧完全由投資人自行負責，投信公司及基金保管機構則分別以賺取基金「管理費」及「保管費」為收益來源。

共同基金的發行架構

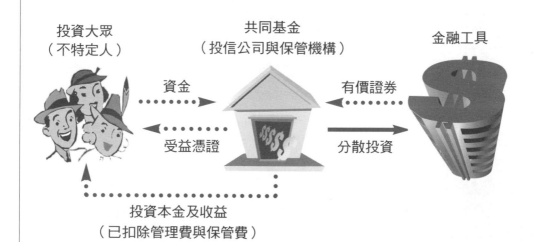

投資大眾
（不特定人）

共同基金
（投信公司與保管機構）

金融工具

資金

有價證券

受益憑證

分散投資

投資本金及收益
（已扣除管理費與保管費）

爲什麼要投資共同基金？

　　相信每位投資人都有「不要把雞蛋放在同一個籃子裡」的觀念，不過，要將雞蛋（資金）放在不同的籃子（金融工具），則需要相當規模的資金。因此，小額投資人在分散風險上顯然力不從心。相對的，共同基金具有匯集投資大眾的資金及委由專家操盤的特性，因此，除了有風險分散的效果外，正好也可彌補一般投資人專業能力的不足。

投資共同基金的優點

1 具風險分散效果

共同基金匯集了投資大眾的資金，且由專家負責操盤，可將資金分散到數十種股票上，即使某些股票下跌，其他股票在同一段期間也可能上漲，因而產生損益互抵的效果，進而達到分散風險的目的。

2 交給專業經理人操盤

在專業能力方面，一般投資人往往不及資產管理機構，如果投資人自行投資，除了對琳瑯滿目的金融工具不甚了解外，也容易陷入追高殺低的困境之中。相對的，共同基金是委託專業的資產管理機構進行投資，它對金融工具與市場的變化都比一般投資人了解，比較能降低造成嚴重錯誤判斷的風險。

3 小額投資人也可參與高價股的飆升行情

一般小額投資人可能礙於資金不足而無法參與高價位股票的投資，例如，一股900多元的大立光股票，投資人購買一張（1000股）就必須投入90多萬元的資金。此時，投資人也可以透過購買持股內容包含這些高價位股票的共同基金，參與該股票飆升行情。

4 可將投資觸角伸及海外

由於有些共同基金的投資區域並不限於國內，投資人也可以利用共同基金，將投資的觸角伸及海外，使本身的資產配置更加完善。

5 具節稅功能

投資人也可以利用共同基金資本利得免稅的規定，投資不配息的共同基金，作為租稅規劃的工具。

股票、共同基金，哪個好？

　　股票、共同基金都是現今最常被使用的理財工具，投資股票或共同基金並沒有衝突，只是兩者對投資人的資金規模、專業能力、時間、風險承擔能力的要求有所差異而已。如果你有一筆不小的閒置資金，而且也有投資的專業能力，平常有時間關心盤勢，同時也能承擔較高的風險，那麼你就可以自己買賣股票，省卻將錢交給投信操盤的管理費及保管費。相反的，如果你在上述條件中缺少任何一項，就盡量避免自己買賣股票，投資共同基金會是比較好的選擇。

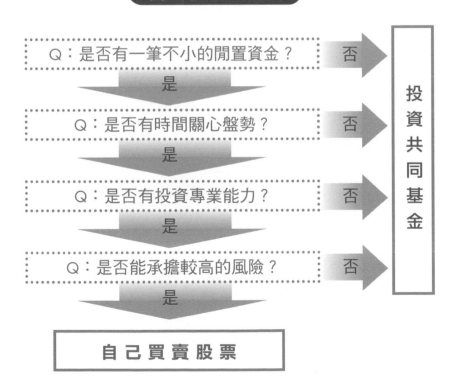

自我檢視流程圖

Q：是否有一筆不小的閒置資金？　否　→

是

Q：是否有時間關心盤勢？　否　→

是

Q：是否有投資專業能力？　否　→

是

Q：是否能承擔較高的風險？　否　→

是

投資共同基金

自 己 買 賣 股 票

投資共同基金與買賣股票的比較

	投資共同基金	買賣股票
主要投資管道	投信公司、銀行、證券商	證券商
基本交易單位及投資門檻	定期定額每月3,000元；單筆投資1萬元	1000股，投資金額依股價而定
收益來源	配息收入及價差收益（外幣計價基金還有匯兌損益）	股利收入及價差收益
風險	較低	較高
變現性	高	高
操作難度	較低	較高
槓桿操作程度	無	現股交易無；信用交易約2～2.5倍
投資費用	申購手續費1～2%；管理費1～2%；保管費0.12～0.32%	手續費0.1425%
投資稅負	基金配息納入綜合所得稅課徵（享有27萬元免稅），無資本利得稅	賣出時要繳納證券交易稅0.3%，2013年復徵資本利得稅（小額投資人免繳）

投資共同基金有哪些收益？

投資共同基金的整體收益是由淨值價差收益與配息收入所組成。但由於基金配息時會將配息金額從基金淨值中扣除，在不考慮基金經理人的操作績效下，配息收入愈高，淨值價差收益反而會受到侵蝕，正所謂「羊毛出在羊身上」的道理。因此，投資人選擇共同基金時，不應以配息收入的多寡作為唯一的考量，而必須關心共同基金的整體收益（包括淨值價差收益與配息收入），如此才不會產生「賺了配息、賠了價差」的情況。

> 在目前低利率時期，很多共同基金均強調其具有高配息的能力，以吸引投資人的目光。然而，高配息並不等於高報酬，投資人在選擇時應小心謹慎。

投資共同基金的收益來源

1 淨值價差收益

投資人將資金交由基金經理人管理時，會產生各種不同的投資收益，例如：證券價差收益、股利收入與利息收入等，而這些共同基金操作的收益最終將反映在基金淨值的變化，基金淨值的變化就是共同基金投資人最主要的收益來源，當基金淨值高過投資成本時，投資人將產生資本利得。

2 配息收入

有些共同基金還會有定期配息，因此配息收入也是投資基金的收益來源之一。

3 匯兌損益

如果投資人所投資的是外幣計價的共同基金（例如境外基金），也會因為匯率波動而產生匯兌收益或損失。

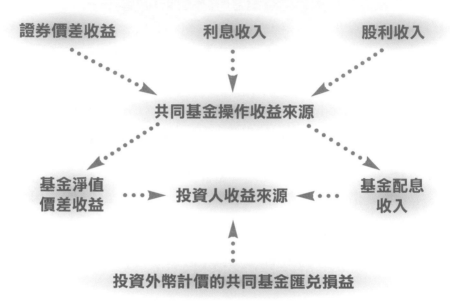

共同基金操作收益來源與投資人收益來源關係

證券價差收益　　利息收入　　股利收入

共同基金操作收益來源

基金淨值價差收益　　投資人收益來源　　基金配息收入

投資外幣計價的共同基金匯兌損益

投資小常識

隨著健保補充保費的開徵，對於投資區域在國內的共同基金而言，如果配息收入超過5,000元，投資人將會被扣繳2％的補充保費。當然，如果共同基金的投資區域在海外，且配息來源屬於海外所得，則該共同基金配息將沒有補充保費的問題。

投資人收益來源

淨值價差收益

● 基金淨值漲超過投資成本時,產生資本利得。

● 能賺多少資本利得取決於買賣共同基金的時點及基金經理人的操盤功力。

配息收入

● 投資人必須在配息基準日當天仍持有基金,才能取得配息收入。由於基金配息來自於基金資產,在配息基準日當天,配息金額會從基金淨值中扣除。

● 配息方式:(1)直接以現金配息給投資人。(2)轉入共同基金再投資,將投資人的配息收入再拿去投資該檔基金,投資人持有基金單位數將會增加。

匯兌損益

● 投資外幣計價的共同基金才會有匯兌損益。

● 在持有共同基金期間,如果外幣相對新台幣升值,將會有匯兌收益;如果外幣相對貶值,則會有匯兌損失。

範例

假設王大明在年初以每單位10元申購了1萬單位的基金,配息基準日為7月10日,配息金額為每單位0.5元,採現金分配方式配息;假設王大明在配息基準日仍持有基金,所以能獲取共同基金的配息,他的配息收入計算如下:

$$配息收入 = 0.5 \times 10,000 = 5,000元$$

如果王大明在7月底以每單位12元將全部持有單位數贖回,將能賺得多少收益?

$$資本利得 = (12-10) \times 10,000 = 20,000元$$

$$總收益 = 5,000 + 20,000 = 25,000元$$

投資共同基金
要承擔哪些風險?

　　共同基金雖然可透過分散投資的方式來降低風險,但並不是完全沒有風險,只是它的投資風險比一般小額投資人自行投資來得低而已。基本上,投資共同基金必須承擔的風險來源,大致可分為市場風險、通貨膨脹風險、利率風險、匯率風險、信用風險及流動性風險等。

投資基金的風險來源

1 市場風險

- 受到整體市場因素(例如:戰爭、惡性通貨膨脹、金融危機、經濟衰退或不可抗力的天災等利空事件)影響所產生的投資風險。但是不同共同基金所受到的影響程度並不會相同。
- 由於影響是全面性的,即便共同基金的持股種類眾多,也無法分散此種風險,所以市場風險又稱為不可分散風險或系統風險。
- 市場風險也可分為單一國家、區域市場風險,以及國際市場風險(又稱國際系統風險)。投資人可透過全球化投資分散單一國家或區域市場風險(例如2011年初的阿拉伯之春),但無法分散國際系統風險(例如2008年的金融海嘯),因它的影響層面是全球性的。

2 流動性風險

● 指投資人所持金融資產不易變現的風險。當投資人要贖回基金，而基金無法支應投資人的贖回價款時，就會產生流動性風險。

● 由於流動性資產的收益率往往較低，因此為了降低贖回壓力而持有較多流動性資產的基金，它的績效表現也會受到不利的影響。因此，如何在流動性風險（或贖回壓力）及績效表現之間取得平衡，就考驗著基金經理人的投資智慧。

3 通貨膨脹風險

● 通貨膨脹風險與物價上漲有關連，物價上漲會侵蝕投資人的報酬率，導致他的購買能力降低，因此又稱為購買力風險。

● 例如，共同基金所提供的年報酬率僅有3％，假設同一時間的物價也上漲3％，則投資人的報酬將完全被物價上漲所抵銷，其實質報酬率將等於零。

4 利率風險

● 利率波動往往會牽動各種金融資產（例如股票、債券等）的價格變化，進而引起基金淨值的波動，但不同類型的共同基金受到利率波動的影響並不會相同。

● 當利率處於低檔時，由於企業的資金成本較低，加上投資人將資金存入銀行的意願降低，使股市的資金動能增加，有利股票型基金的淨值表現。

● 債券型基金受利率波動的影響則較為直接，如果利率彈升，債券價格將會下跌，不利於基金淨值的表現。

5 匯率風險

- 介紹投資共同基金的收益來源時，曾提到投資外幣計價基金，將會產生匯兌損益，而此匯兌損益的產生，就表示投資外幣計價基金必須承擔匯率風險。

- 在持有期間，如果外幣相對新台幣貶值，將產生匯兌損失。所以投資人在選擇外幣計價的共同基金時，應選擇計價幣別較為強勢的共同基金，否則可能產生「賺了價差、賠了匯差」的情形。

6 信用風險

- 指公司無法清償債務利息或本金的風險，當公司發生違約事件時，該公司所發行的債券或股票價格將出現重挫的現象。如果共同基金持有這些地雷債券或股票，其淨值將受到嚴重的衝擊，甚至會引起投資人的大量贖回。

- 過去，台灣就曾發生多起債券型基金誤踩地雷債券，而遭到投資人大規模贖回的事件，例如，2004年聯合投信旗下三檔債券型基金與平衡型基金，就因衛道可轉換公司債爆發違約事件，主動調降基金淨值，最終導致投資人的恐慌性贖回。

摩根新興中東基金、歐洲基金 及環球基金的績效走勢圖

● 影響全球股市的金融海嘯，是無法透過全球化 投資加以分散的。

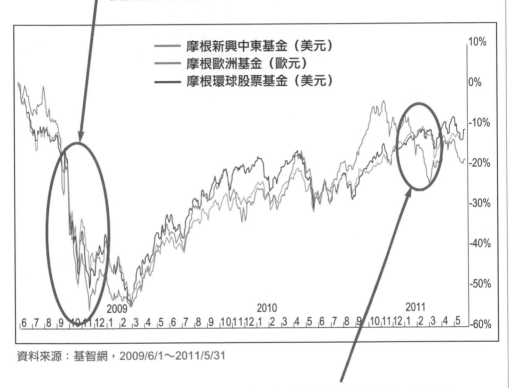

摩根新興中東基金（美元）
摩根歐洲基金（歐元）
摩根環球股票基金（美元）

資料來源：基智網，2009/6/1～2011/5/31

● 中東基金受阿拉伯之春的影響較為嚴重，歐洲或 環球基金受到的影響較小，若投資人同時持有這 三檔基金，就能降低北非中東地區的市場風險。

23

共同基金有哪些基本類型？

隨著市場的開放，台灣共同基金市場的商品愈來愈多樣化，面對形形色色的共同基金商品，要如何選擇一檔適合自己的共同基金，一直是投資人困擾的問題。每種類型的共同基金都有不同的風險與報酬特性，投資人在選擇之前，必須先對各種共同基金有所認識，才能根據自己的理財需求與投資屬性，選擇適合的共同基金進行投資。依據不同的標準，我們可區分出各種不同類型的共同基金，下圖是一般常見的基本類型。

基本類型的共同基金

- 依發行後交易方式
  - 封閉型基金
  - 開放型基金
- 依投資標的
  - 股票型基金
  - 債券型基金
  - 貨幣市場基金
- 依投資區域
  - 全球型基金
  - 區域型基金
  - 單一市場型基金
- 依投資目標
  - 積極成長型基金
  - 成長型基金
  - 收益型基金
  - 平衡型基金
- 依註冊地點
  - 境內基金
  - 境外基金

封閉型和開放型基金

　　封閉型基金與開放型基金最大的差異，在於發行後的交易方式以及流通在外的受益憑證數量是否改變。開放型基金在發行之後，投資人可直接向投信公司或其代銷機構申購或贖回共同基金，如果投資人申購共同基金，流通在外的受益憑證數量將會增加；如果投資人贖回共同基金，流通在外的受益憑證數量將會減少。投資人申購或贖回共同基金時，是以「基金淨值」作為交易價格的依據。

　　相對於開放型基金，封閉型基金發行之後就在交易所掛牌交易，投資人無法直接向投信公司申購或贖回共同基金，必須透過證券商下單到交易所來買賣共同基金。由於投資人無法向投信公司申購或贖回共同基金，其流通在外的受益憑證數量將固定不變，在交易所買賣共同基金時，是以市場價格（由市場供需所決定的價格）作為交易價格的依據，並不是共同基金的淨值。

　　早期台灣市場有很多封閉型基金在交易所掛牌交易，但由於很多封閉型基金都處於嚴重折價（市場價格低於基金淨值）的狀態，有損投資人的權益，因此證券主管機關不斷引導封閉型基金轉型為開放型基金，加上市場對封閉型基金的需求愈來愈少，使得台灣目前只剩下一檔封閉型基金在交易所交易，也就是「富邦富邦基金（證券代號0015）」。

開放型基金與封閉型基金的比較

	開放型基金	封閉型基金
發行後交易方式	直接向投信公司或其代銷機構申購或贖回	在交易所掛牌交易
流動在外的受益憑證數量	不固定，會隨投資人申購或贖回而增減	發行後就固定不變
交易價格的依據	基金淨值	市場價格

股票型基金

　　股票型基金是指投資股票總額達基金淨值70%以上的共同基金。依投資標的與特性，投資國內的股票型基金，大體上可分為下列八大類型：

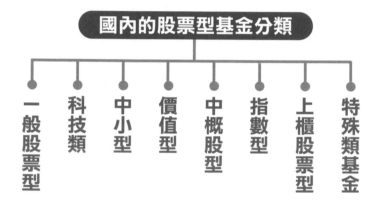

國內的股票型基金分類

一般股票型　科技類　中小型　價值型　中概股型　指數型　上櫃股票型　特殊類基金

投資小常識

近年來，由於台灣股市波動加大，使得股票型基金的投資風險也跟著增加。在2000年網路泡沫化之前，電子類股在台灣股市獨領風騷，使得當時大多數的股票型基金都將持股重心放在電子類股。然而，隨著網路泡沫化及電子產業的衰退，電子類股在台灣股市的投資魅力已日漸消退，取而代之的則是傳統產業類股或價值型股票，因此目前有些股票型基金已不再對電子類股情有獨鍾，而將持股重心放在傳統產業類股或價值型股票。

匯豐成功基金的持股比重
（2013年4月19日）

以匯豐成功基金的持股比重為例，該基金持股清一色為傳統產業類股，由此可看出，此時電子類股在台灣股市的投資魅力大不如前。截至2013年4月止，匯豐成功基金三年報酬率（29.96%）的表現在所有股票型基金中名列第四。

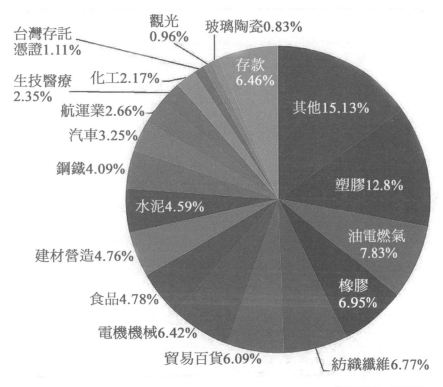

台灣存託
憑證1.11%

觀光
0.96%

玻璃陶瓷0.83%

生技醫療
2.35%

化工2.17%

存款
6.46%

其他15.13%

航運業2.66%

汽車3.25%

塑膠12.8%

鋼鐵4.09%

油電燃氣
7.83%

水泥4.59%

建材營造4.76%

橡膠
6.95%

食品4.78%

電機機械6.42%

貿易百貨6.09%

紡織纖維6.77%

資料來源：基智網

債券型基金

　　債券型基金是以政府公債、公司債、金融債券等固定收益證券為主要投資標的的共同基金。

　　如果債券型基金所投資的是投機等級（也就是信用評等較差）的高風險債券，由於這些債券的票面利率較高，使得該類型債券型基金的預期報酬率高於一般債券型基金，所以又稱為「高收益債券型基金」。然而，高報酬的背後也隱藏著較高的風險，高收益債券型基金所持有的債券通常有較高的違約風險或信用風險，因此，其基金淨值的波動也會比一般債券型基金來得大。

債券型基金依投資區域區分

- 國內投資的債券型基金
- 跨國投資的債券型基金

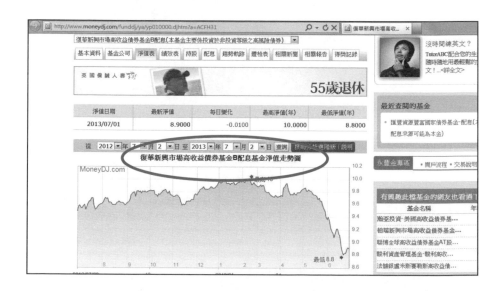

貨幣市場基金

　　貨幣市場基金所投資的標的為到期期間較短、流動性較佳的貨幣市場投資工具，例如：銀行存款、附買回交易及到期期間低於一年的短期票券。

　　貨幣市場基金主要功能在於提供短期資金的停泊站，因此又稱為停泊基金。當投資人對於資本市場（如股票市場或債券市場）的看法較為悲觀時，可將資金暫時轉入收益極為穩定的貨幣市場基金，等到有新的投資機會出現後再行轉出，類似短期資金調度的工具。

貨幣市場基金的功能

全球型、區域型、單一市場型基金

共同基金除了國內市場外，投資範圍也可能涉及海外市場，依可投資的區域範圍，大致可分為全球型、區域型與單一市場型基金。

全球型基金

全球型基金所涵蓋的區域範圍最廣，遍及全球主要的金融市場，例如：美國、日本、歐洲及亞洲等市場。由於全球型基金可建構出全球性的投資組合，風險分散的效果最為明顯。

區域型基金

區域型基金的投資範圍主要集中在區域性的金融市場，例如：北美、歐洲、亞洲、東南亞、拉丁美洲、東歐、非洲、中東等。而隨著投資區域的市場成熟度與成長性的不同，各種區域型基金的風險與報酬特性也會有所差異；例如，投資於北美或歐洲的區域型基金，由於這些地區的金融市場較為成熟、成長較為穩定，因此其投資風險相對較低，報酬相對穩定；相反的，投資於東南亞、拉丁美洲等新興市場的區域型基金，雖然這些新興市場的成長較有爆發力，但其金融市場的管理機制與成熟度均不及歐美等先進國家，因而投資風險較高。

富達歐洲、拉丁美洲及東南亞基金的績效比較

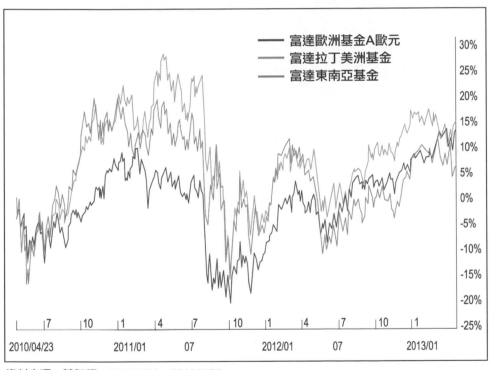

資料來源：基智網，2010/4/23～2013/4/25

● 富達拉丁美洲基金或富達東南亞基金的報酬率，
　波動幅度高於富達歐洲基金，這表示富達歐洲基
　金的績效表現較為穩定，投資風險較低。

單一市場型基金

單一市場型基金的投資區域只局限於某單一國家的金融市場，例如：
美國基金、日本基金、台灣基金等。其績效表現完全受單一市場所影
響，如果某市場的行情表現不錯，投資於該市場的共同基金的淨值將
大幅上漲；相反的，如果行情表現不佳，則它的淨值也將大幅滑落。
就風險分散的能力來說，單一市場型基金投資風險往往大於全球型基
金與區域型基金，具有高風險與高報酬的特性。

然而，就投資區域或單一市場的成熟度與風險性而言，單一市場型基
金的投資風險並不全然一定高於區域型基金，例如，美國或日本等先
進國家的市場成熟度遠較許多新興市場高，投資於美國或日本的單一
市場基金，它的風險就可能小於投資於新興市場的區域型基金。因
此，在實務上，單一市場基金與區域型基金的投資風險大小並沒有一
定的關係。

富達美國及拉丁美洲基金的績效比較

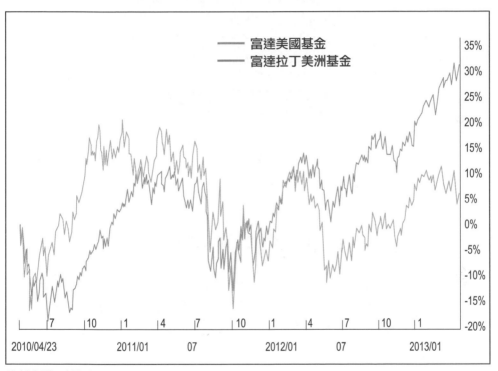

富達美國基金

富達拉丁美洲基金

資料來源：基智網，2010/4/23～2013/4/25

● 從報酬率的波動幅度大小可知，即使富達美國基金是單一市場基金，它的波動幅度（可代表風險）仍小於屬於區域型基金的富達拉丁美洲基金。

積極成長型、成長型、
收益型、平衡型基金

　　許多投資人申購共同基金時，會先設定他的投資目標，而投信公司通常也會將不同的基金風險、屬性及預期報酬告知投資人，使投資人了解未來可能的投資情況。根據共同基金的投資目標，可分為積極成長型、成長型、收益型及平衡型基金等四大類。

積極成長型基金

　　積極成長型基金主要是在追求較具爆發性成長的資本利得，它的投資標的以中小型公司股票、高科技類股為主，具有高風險、高報酬的特性，是各類型共同基金中最具風險性者。

成長型基金

　　成長型基金是以追求長期且穩定的增值利益為主；它的投資標的以大型公司、經營績效良好、具長期穩定成長的績優股為主，因此，它的風險通常低於積極成長型基金。

收益型基金

　　收益型基金的投資目標主要在追求穩定的收益，較不重視資本利得，所以風險很低。投資標的以具有固定收益的投資工具為主，例如：股利發放穩定且優厚的股票、特別股、債券等，適合希望藉由投資帶來固定收入的退休族群購買。債券型基金就是典型的收益型基金。

平衡型基金

平衡型基金是同時著重資本利得與固定收益的共同基金。因此,平衡型
基金通常會將資金分散投資於股票和債券,股票是用來賺取資本利得,
債券則用來產生固定收益。在股市多頭時,它的績效通常能優於收益型
基金;相反的,在股市行情不佳時,它的債券部位能使其淨值跌幅低於
積極成長型基金或成長型基金,具有「進可攻、退可守」的特性。

平衡型基金的特性

● 在金融海嘯及歐債危機期間,平衡基金發揮穩
定的特性,跌幅遠小於高成長基金。

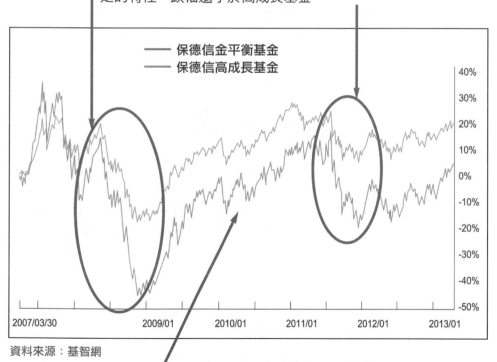

保德信金平衡基金
保德信高成長基金

資料來源:基智網

● 股市多頭時,高成長基金的報酬率表現就
優於平衡基金。

境內基金與境外基金

　　根據共同基金的註冊地點來分類，共同基金又可分為境內基金與境外基金兩大類。

境內基金

境內基金在台灣註冊，是由國內投信公司所發行，大部分以新台幣計價，僅少數以外幣計價，投資區域不一定都在台灣，也可以投資海外市場；以摩根投信（摩根資產管理集團在台灣設立的投信公司）在台灣所募集的「摩根新興日本基金」為例，它的投資區域雖然在日本，但因為是在台灣註冊，主管機關為台灣金管會，並以新台幣計價，因此屬於境內基金，而不屬境外基金。

境外基金

相對於境內基金，境外基金在國外註冊，由國外的基金管理機構所發行，大多以外幣為計價單位，投資區域遍及全球。以摩根資產管理集團所發行的「摩根日本基金」為例，它在香港註冊，並以日圓為計價幣別，銷售對象為全球對日本股市有興趣的投資人；如果摩根資產管理集團想將摩根日本基金銷售至台灣，必須先經台灣金管會核准或申報生效，並在台灣委任一家投信公司、投顧公司或證券商擔任該境外基金的總代理人（摩根日本基金的總代理人為摩根證券），建立該共同基金的銷售通路，才能將此基金銷售給台灣的投資人。

如果境外基金未經金管會核准或申報生效而在台灣銷售，就成了非法的地下基金。買到這類非法境外基金，一旦發生交易糾紛，完全得不到法律保障，投資人應該小心為是。

境內基金與境外基金的比較

	境外基金	境內基金
發行者	國外的基金管理機構	國內投信公司
銷售對象	全球投資人	台灣投資人
註冊地點	國外	台灣
計價幣別	外幣	除了外幣計價的境內基金外，大部分為新台幣
匯率風險	較高	除了外幣計價的境內基金外，幾乎沒有匯率風險
流動性風險	贖回所需時間較長，通常需5～7個工作天	贖回所需時間較短，通常僅需1～5個工作天
資訊風險	較高	較低
產品齊全度	較高	較低
銷售管道	投信公司、投顧公司、證券商、銀行	投信公司、投顧公司、證券商、銀行
稅負	境外所得自2010年起納入最低稅負制計算，高所得者（基本所得額超過600萬元及境外所得超過100萬元）的境外所得將會被課稅	資本利得免稅，配息收入須併入綜合所得稅申報

特殊類型的基金有哪些？

　　隨著金融商品的不斷創新，基本類型的共同基金商品已無法滿足投資人多變的理財需求。因此，近年來台灣不斷從國外引進或自行推出許多不同於以往的基金商品，例如，發行架構特殊的傘型基金、專門投資特殊類股的基金、以共同基金為投資標的的組合型基金、投資不動產或不動產證券化商品的不動產基金、可追蹤指數績效的指數型基金及指數股票型基金（ETF）、本金可獲得保障的保本型基金、會隨著投資期間經過自動調整投資組合的生命週期基金、操作策略特殊的模組操作型基金，以及期貨信託基金。

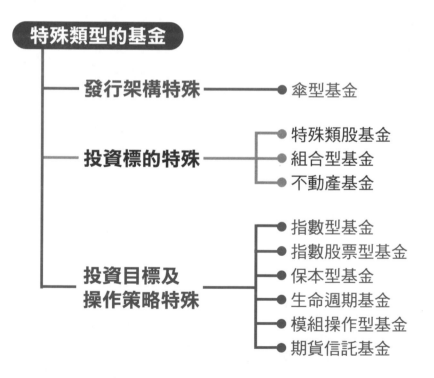

特殊類型的基金

　發行架構特殊 ────● 傘型基金

　投資標的特殊 ────● 特殊類股基金
　　　　　　　　　● 組合型基金
　　　　　　　　　● 不動產基金

　投資目標及
　操作策略特殊 ────● 指數型基金
　　　　　　　　　● 指數股票型基金
　　　　　　　　　● 保本型基金
　　　　　　　　　● 生命週期基金
　　　　　　　　　● 模組操作型基金
　　　　　　　　　● 期貨信託基金

資產配置好工具：傘型基金

　　傘型基金基本上並不是一檔真實的基金，而只是一種新型態的共同基金發行架構。投信公司可依資產配置的理念，將不同性質的共同基金（稱子基金）納入一傘型基金之中，並同時發行這些子基金，國內規定子基金數不得超過三檔。如果其中有一檔子基金沒能發行成功，則該傘型基金就無法成立。

　　投資人申購時，可選擇一檔子基金或同時選擇多檔子基金進行投資，之後可再配合本身的資產配置，任意在子基金中進行轉換。因此，傘型基金只是多檔基金的組合，本身並沒有淨值與規模可參考，而子基金則各自有獨立的淨值與規模。

傘型基金的架構

傘　型　基　金

| 甲基金 | 乙基金 | 丙基金 |

同時發行，由投資人認購

| 第1組
甲基金 | 第2組
乙基金 | 第3組
丙基金 | 第4組
甲基金
乙基金 | 第5組
乙基金
丙基金 | 第6組
甲基金
丙基金 | 第7組
甲基金
乙基金
丙基金 |

經過一段期間後

投資人可根據自己的資產配置需求，
在甲、乙、丙三檔子基金中任意轉換。

國內主要傘型基金及其子基金一覽表

傘型基金名稱	子基金名稱
元大寶來 中國傘型基金	元大寶來中國平衡基金
	元大寶來上證50基金
元大寶來 新興國家 指數傘型基金	元大寶來印度指數基金
	元大寶來印尼指數基金
	元大寶來巴西指數基金
瀚亞精選 傘型基金	瀚亞精選傘型基金之債券精選組合基金
	瀚亞精選傘型基金之趨勢精選組合基金
摩根富林明 靈活新興股債 傘型基金	摩根資源活力股票基金
	摩根新興活利債券基金
復華南非幣 傘型基金	復華南非幣2017保本基金
	復華南非幣短期收益基金
	復華南非幣長期收益基金
復華新興收益 傘型基金	復華新興市場短期收益基金
	復華新興市場高收益債券基金
安泰ING 新興傘型基金	安泰ING新興傘型基金之中東非洲基金
	安泰ING新興傘型基金之大俄羅斯基金
	安泰ING新興傘型基金之韓國基金

傘型基金名稱	子基金名稱
德盛安聯目標傘型基金	德盛安聯目標傘型基金之目標2020基金
	德盛安聯目標傘型基金之目標2030基金
國泰幸福階梯傘型基金	國泰幸福階梯傘型基金之全球穩健組合基金
	國泰幸福階梯傘型基金之全球積極組合基金
富蘭克林華美台股傘型基金	富蘭克林華美台股傘型基金之高科技基金
	富蘭克林華美台股傘型基金之傳產基金
台新資源指數傘型基金	台新羅傑斯環球資源指數基金
	台新羅傑斯世界礦業指數基金

資料來源：投信投顧公會，截至2013年3月底止

投資小常識

對投信公司而言，以傘型基金的架構發行基金，可同時推出多檔性質不同的基金，豐富公司旗下的基金產品線，並提升整體的基金規模。對投資人而言，投資人只要投資該傘型基金中的任一子基金，就可以任意轉換到另一子基金，它的轉換手續費將較一般水準低，甚至可享免轉換手續費的優惠。

專門投資特殊類股的基金

在國外，有很多投資於黃金、能源、天然資源等相關產業類股的基金，例如，黃金基金、能源基金、天然資源基金。由於這些特殊類股在台灣股市中並不多見，投資人只能透過境外基金或國內投信公司發行的海外基金介入這些特殊類股的投資。

黃金基金

黃金基金主要以開採金礦的公司股票為投資標的，而不是黃金本身，如富蘭克林黃金基金、貝萊德世界黃金基金等。此外，有些黃金基金也會投資於其他貴金屬、基本金屬及礦業等相關類股。
由於黃金基金的績效表現與黃金價格的波動息息相關，因此投資人介入黃金基金時，應隨時注意黃金價格的走勢。在實務上，黃金價格的短期波動，常會受到如市場供需、金融危機、美元匯率波動、某國央行拋售黃金庫存、戰爭與通貨膨脹等因素的影響。

能源基金

能源基金主要以生產、加工及銷售能源（例如石油、天然氣、電力）等相關類股為投資標的，而不是能源本身，例如，貝萊德世界能源基金、施羅德環球能源基金等。由於油價走勢往往牽動能源基金的表現，因此投資人應多注意能源輸出國家，例如，石油輸出國組織（OPEC）的輸出政策、美國戰備儲油的政策、油品公司的營運策略、景氣循環，以及經濟大國的能源需求情形等，影響油價波動的關鍵因素。

隨著石油蘊藏量逐漸減少，再生能源或替代能源（如太陽能）等相關類股開始受到能源基金的青睞，甚至有「替代能源基金」、「節能基金」或「新能源基金」的出現，例如，德盛安聯全球綠能趨勢基金、貝萊德新能源基金等。

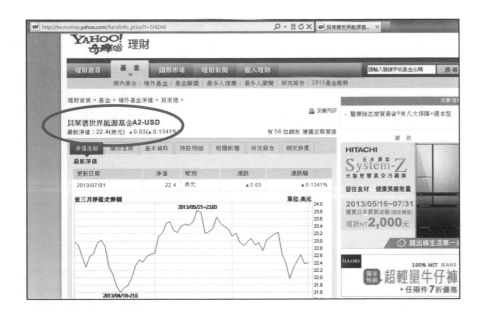

天然資源基金

除了能源基金及替代能源基金外，市場上也有以其他礦產（例如銅礦、鐵礦、煤礦）、木材等天然資源類股為主要投資標的的「天然資源基金」，例如，摩根環球天然資源基金、新加坡大華全球資源基金、天達環球動力資源基金、霸菱全球資源基金、德盛德利全球資源產業基金、貝萊德世界礦業基金等。

雖然天然資源基金受油價的直接影響小於能源基金，但油價的波動有時也會影響到總體經濟與民生消費等層面，進而帶動原物料與天然資源價格的波動。因此，投資人必須多注意擁有豐富天然資源的國家，例如，澳洲、拉丁美洲、俄羅斯、東歐、馬來西亞等之天然資源類股的表現。此外，市場上也有許多以「水資源」為投資主題的基金，例如，KBI全球水資源基金、百達水資源基金、華南永昌全球神農水資源基金等。

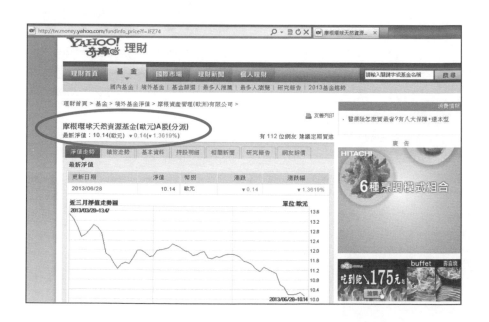

黃金基金、黃金現貨、美元指數與S&P500指數的關係圖

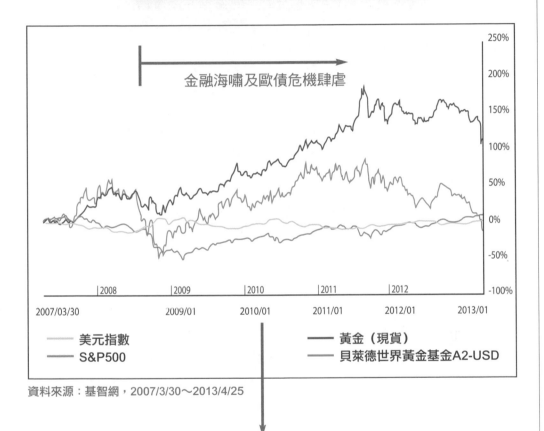

金融海嘯及歐債危機肆虐

	美元指數		黃金（現貨）
	S&P500		貝萊德世界黃金基金A2-USD

資料來源：基智網，2007/3/30～2013/4/25

● 黃金基金的表現與黃金現貨的走勢頗為一致。黃金現貨價格與美元指數則為反向的關係，代表當美元趨貶時，黃金現貨市場將呈現多頭走勢。黃金現貨價格與S&P指數的關連性不高，但有時也會出現反向的關係，也就是當股市行情不佳時，市場對於實質性商品的需求增加，黃金價格將隨之上揚，此時則適合將黃金基金納入投資組合以規避股市下跌的風險。

基金的基金：組合型基金

　　組合型基金的投資標的以其他的基金為主，而這些被投資的基金稱為「子基金」。投資組合型基金的主要優點在於可藉由資產配置的方式，投資於不同區域、國家以及特質的子基金，投資標的更加分散，使其風險分散效果優於一般共同基金。

　　此外，組合型基金可分散單一基金經理人的風險，也可免除投資人選擇共同基金的困擾，由基金經理人憑其專業能力選擇子基金並適時調整資產配置。相較於一般投資人，組合型基金比較有議價能力，可向國內外的基金管理公司要求降低或免除子基金的相關手續費及管理費，使投資基金的交易成本大幅降低。

組合型基金的優點

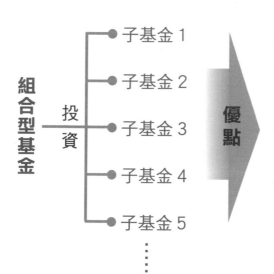

組合型基金 ── 投資 ──
- 子基金 1
- 子基金 2
- 子基金 3
- 子基金 4
- 子基金 5

優點 ➡
- 風險分散效果更好
- 分散單一基金經理人的風險
- 免除投資人選擇基金的困擾
- 降低投資基金的交易成本

　　金管會於2002年7月17日核准國內投信公司發行組合型基金，投資的子基金可包括境內基金、境外基金，以及在國外證券交易所或美國店頭市場交易的指數股票型基金，但不得投資其他組合型基金。

　　此外，每一組合型基金至少應投資五個以上的子基金，每個子基金的最高投資上限不得超過該組合型基金淨值的30%。截至2013年5月底止，台灣境內共有66檔組合型基金，均屬跨國投資組合型基金，其中又以債券組合型基金的規模最大。

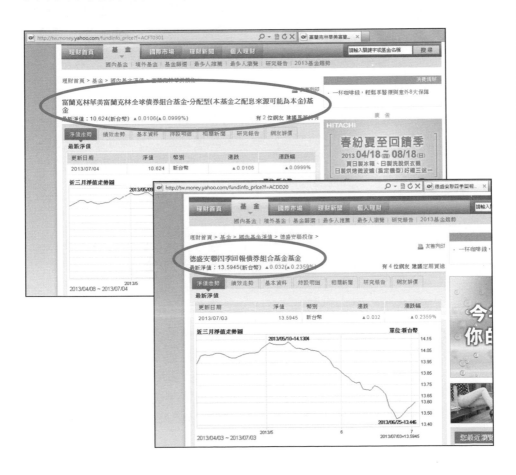

能對抗通膨的不動產基金

由於不動產具有保值以及對抗通貨膨脹的功能,許多投資人會將不動產投資納入資產配置中。然而,不動產的投資金額動輒數千萬元、數億元,並不是一般投資人所能達成,因此,市場上便發展出許多適合一般投資人投資的不動產投資商品,其中最受歡迎的當屬不動產基金。不動產基金主要包括:不動產投資信託基金(REITs)及不動產證券化基金等商品。

不動產投資信託基金的特色

1 不動產投資信託基金為不動產證券化的一種,由信託業以發行「受益證券」的方式向投資人募集資金,並將資金投資於不動產市場,再定期將基金運用及投資收益(如租金收入),以配息的方式回饋給投資人。

2 不動產投資信託基金可讓一般小額投資人參與過去無法從事的不動產投資,分享不動產的增值利益及租金收入。

3 不動產投資信託基金具有抗通膨的特性。因不動產投資信託基金的配息來源,多來自於不動產的租金收入及增值利益,而不動產的租金收入及增值利益則與通貨膨脹息息相關;當物價上漲時,往往也能帶動不動產相關收益的上漲,使不動產投資信託基金能有效對抗通貨膨脹所帶來的風險。

4 不動產投資信託基金發行之後，就在交易所掛牌交易，交易方式與股票相同。

5 在稅負方面，投資不動產投資信託基金，免徵資本利得稅及證券交易稅，採分離課稅（稅率10％）的方式課徵利息或配息所得稅。

不動產投資信託基金的發行架構

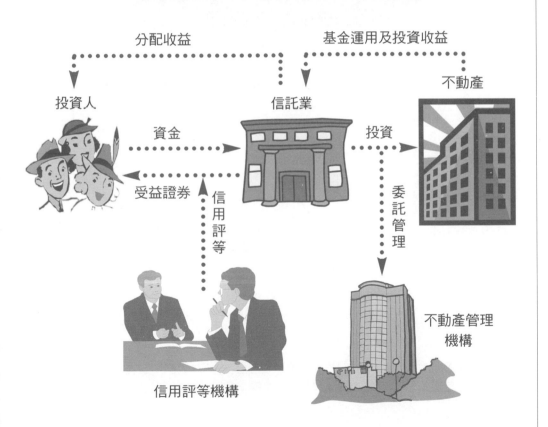

分配收益　　　　　基金運用及投資收益

投資人　　　　　信託業　　　　　不動產

資金　　　　　投資

受益證券　　信用評等　　　委託管理

信用評等機構　　　　不動產管理機構

不動產證券化基金的特色

不動產證券化基金是以不動產證券化商品（如不動產投資信託基金）
為投資標的的基金。

在2006年期間，由於全球景氣達到高峰，因此當時許多不動產基金的
績效表現非常優異，但後來因為受到美國次級房貸風暴、房利美與房
地美爆發財務危機及全球金融海嘯的影響，不動產基金的績效表現便
一落千丈，直到2009年之後，全球景氣開始復甦，且在歐美央行持續
採取極寬鬆的貨幣政策下，不動產基金的績效才見起色。

不動產基金的績效表現

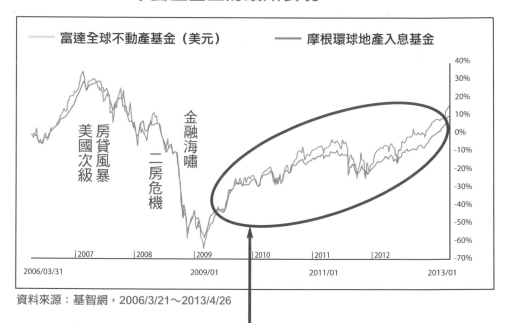

資料來源：基智網，2006/3/21～2013/4/26

● 金融危機之後，為了提振經濟，歐美央行持續採取極寬鬆的貨
　幣政策，通貨膨脹蠢蠢欲動，有助房地產價格的推升。

能追蹤大盤指數績效的指數型基金

指數型基金基本上也屬於股票型基金的一種，比較特別的是它的投資目標與一般的股票型基金並不相同。

指數型基金的特色

1 一般股票型基金的操作，大多在追求優於大盤指數的績效表現，以擊敗大盤為目標；而指數型基金的操作，則是希望它的績效表現能與大盤指數亦步亦趨，並不求能擊敗大盤。

2 指數型基金通常會採取被動式管理策略，依照所要追蹤的大盤指數成分股及其所占的權重，建構出一個能模擬大盤指數績效表現的投資組合。

3 在國外，指數型基金非常盛行，它的資產規模的成長速度遠高於一般股票型基金。指數型基金之所以廣受全球投資人的青睞，在於投資人可免除選股的煩惱，只要投資人看漲大盤指數，便可投資指數型基金賺取指數上漲的利益。

4 指數型基金不僅能有效分散風險，它的管理策略也不會因為撤換基金經理人而有不同，長期績效表現比較有一致性。

5 指數型基金不須積極選股及換股操作,它的管理費與週轉率
都低於一般股票型基金的水準。指數型基金的管理費大都介
於0.6%～1.6%,一般股票型基金的管理費則介於1.2%～2%
之間。而較低的週轉率,也能降低指數型基金因操作所產生
的交易成本,有利於基金績效的提升。

元大寶來台灣加權股價指數基金 vs.台灣加權股價指數

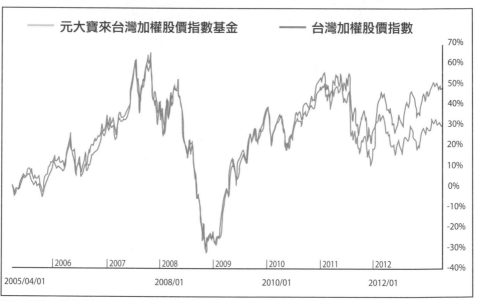

資料來源:基智網,2005/4/1～2013/4/26

● 元大寶來台灣加權股價指數基金成立至今,其績效表現與台灣
加權股價指數的走勢非常一致。近年的績效表現甚至還超越台
灣加權股價指數,完全不輸給一般的股票型基金。

指數型基金的發行概況

	基金名稱	發行投信公司	追蹤指數	管理費率
國內投資指數型	元大寶來台灣加權股價指數基金	元大寶來投信	台灣加權股價指數	0.6%～0.7%
	元大寶來台股指數基金	元大寶來投信	台灣加權股價指數	1.2%
	群益台股指數基金	群益投信	台灣加權股價指數	1%
跨國投資指數型	元大寶來大中華價值指數基金	元大寶來投信	羅素大中華大型股價值指數	0.9%～1%
	元大寶來印度指數基金	元大寶來投信	MSCI印度指數	1%～1.25%
	元大寶來印尼指數基金	元大寶來投信	MSCI印尼指數	1%～1.25%
	元大寶來巴西指數基金	元大寶來投信	MSCI巴西指數	1%～1.25%
	台新羅傑斯環球資源指數基金	台新投信	羅傑斯環球資源指數	1.6%
	台新羅傑斯世界礦業指數基金	台新投信	羅傑斯世界礦業指數	1.6%

截至2013年3月

指數化基金商品的首選：
指數股票型基金

指數股票型基金（ETF）是近20年來全球成長最快速的投資工

具，台灣首檔指數股票型基
金「元大寶來台灣卓越50基
金」於2003年6月30日誕
生，隨著可追蹤的標的指數
限制放寬，台灣指數股票型
基金商品的種類也愈來愈多
樣化。指數股票型基金的特
性與指數型基金非常類似，
只是兩者的發行架構及交易
制度並不相同。

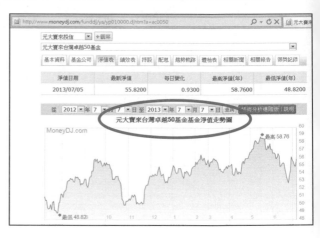

```
目前可供選擇的
台灣指數股票型基金商品類型
```

—— 國內成分股ETF

—— 國外成分股ETF
（含連結式ETF）

—— 境外ETF

—— 債券ETF

指數股票型基金的發行與交易架構

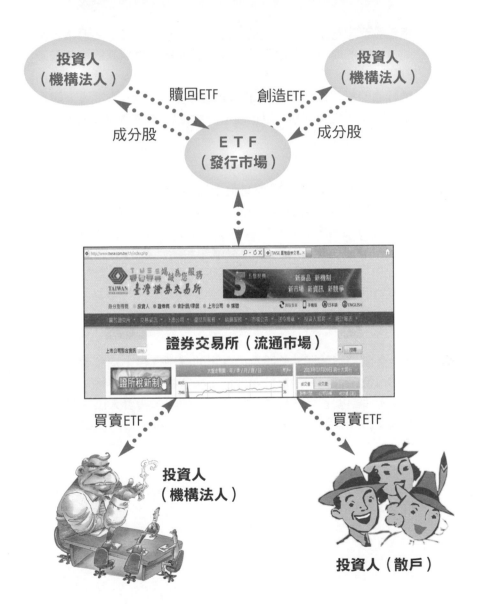

指數股票型基金的特色

1 指數股票型基金的創始機構（發起人）會將一籃子的股票（某一
股價指數的成分股）委託給一家受託機構，由受託機構託管及控
制股票投資組合的所有資產，並以此為實物擔保，分割成許多單
價較低的投資單位（也就是指數股票型基金），讓投資人購買，
並在交易所掛牌交易，以追蹤某一股價指數的績效表現。

2 當發起人推出指數股票型基金之後，投資人除了可以在交易所
直接買賣指數股票型基金之外（類似封閉型基金），也可以選擇
在發行市場創造與贖回指數股票型基金（類似開放型基金）。不
過，由於創造與贖回指數股票型基金所涉及的金額較為龐大，
因此只適合於機構法人，一般散戶投資人只有能力在交易所買
賣指數股票型基金。

3 因為有創造與贖回指數股票型基金的機制存在，指數股票型基金
的市場價格會與它的單位淨值保持相當程度的一致性。
當指數股票型基金市價遠低於單位淨值時，投資人將會在交易所
買進指數股票型基金後，再執行贖回換取成分股，以進行套利；
相反的，當指數股票型基金市價遠高於單位淨值時，投資人將會
申請創造指數股票型基金，然後在交易所賣出指數股票型基金套
利。如此的套利交易，將會使指數股票型基金的市場價格與其單
位淨值保持相當程度的一致性。

4 國內成分股指數股票型基金的交易方式與股票一樣，投資人可委託證券經紀商下單進行買賣，最小交易單位為1000單位，買賣手續費也是以1.425‰為上限，證券交易稅只有1‰，每日的最大漲跌幅同為7%，上市（櫃）首日就可進行信用交易，且不受平盤以下不得放空的限制。

5 在國外成分股指數股票型基金（含連結式指數股票型基金）及境外指數股票型基金方面，由於兩者所追蹤的標的以國外股價指數為主，因此，它的漲跌幅限制或交易單位等，會與國內成分股指數股票型基金不同。而由國內投信公司所發行的國外成分股指數股票型基金（含連結式指數股票型基金），交易單位通常會與國內成分股指數股票型基金相同，漲跌幅限制則比照國外市場；境外指數股票型基金的交易單位及漲跌幅限制，則完全比照境外原掛牌市場的規定。

指數股票型基金 VS.		指數型基金
買賣方式	在交易所交易	向投信公司申購或贖回
交易價格	盤中可隨時掌握指數股票型基金價格變化，交易價格即為盤中買賣的成交價格	申購價格是以申購申請日當天的基金淨值為準；贖回價格是以贖回申請日隔一交易日的基金淨值為準。投資人下單交易時，並無法即時得知申購或贖回的價格是多少
管理費	管理費除低於一般基金外，也較指數型基金低	較指數股票型基金高
追蹤績效	因管理費較低，且有創造與贖回機制，更能貼近標的指數的績效表現	較一般股票型基金貼近大盤指數，但比指數股票型基金差

台灣指數股票型基金發行概況

1 國內成分股ETF

基金名稱	追蹤指數	交易單位	漲跌限制
元大寶來台灣卓越50基金	台灣50指數	1000	7%
元大寶來台灣中型100基金	台灣中型100指數	1000	7%
富邦台灣科技指數基金	台灣資訊科技指數	1000	7%
元大寶來台灣電子科技基金	電子類加權股價指數	1000	7%
元大寶來台商收成基金	S&P台商收成指數	1000	7%
元大寶來台灣金融基金	MSCI台灣金融指數	1000	7%
元大寶來台灣高股息基金	台灣高股息指數	1000	7%
富邦台灣摩根基金	MSCI®台灣指數	1000	7%
富邦台灣發達基金	台灣發達指數	1000	7%
富邦台灣金融基金	金融保險類股指數	1000	7%
元大寶來新台灣基金	未含電子股50指數	1000	7%
元大寶來摩台基金	MSCI®台灣指數	1000	7%
永豐台灣加權ETF基金	台灣加權股價指數	1000	7%
富邦采吉50基金	台灣50指數	1000	7%
元大寶來富櫃50基金	櫃買之富櫃50指數	1000	7%

2 國外成分股ＥＴＦ（含連結式ＥＴＦ）

基金名稱	追蹤指數	交易單位	漲跌限制
元大寶來標智滬深300ETF	滬深300指數	1000	無
富邦上證180ETF	上證180指數	1000	無
元大寶來上證50ETF	上證50指數	1000	無
復華滬深300ETF	滬深300指數	1000	無

3 境外ＥＴＦ

基金名稱	追蹤指數	交易單位	漲跌限制
恆生H股指數ETF（恆中國）	恆生H股指數	200	無
恆生指數ETF（恆香港）	恆生指數	100	無
標智上證50ETF（上證50）	上證50指數	100	無

4 債券ＥＴＦ

基金名稱	追蹤指數	交易單位	漲跌限制
元大寶來富盈債券基金	台灣指標公債指數	100	7%

本金可獲得保障的
保本型基金

　　保本型基金與一般共同基金最大的差異，就是對投資人承諾基金到期時，在最壞的情況下仍可領回原先投資本金的全部或一定比例（也就是保本率），如保本率為100％，代表基金到期時投資人至少可領回本金的全部；如果為90％，投資人則至少能領回本金的90％，最大損失為10％。

　　保本型基金會將大部分的資金投資於具固定收益的債券或零息債券，目的在使基金到期時，淨值不會低於其所保證的價格，同時並利用基金的孳息或極小比例的資產，從事衍生性金融商品的操作，藉以提高基金的報酬率。如果基金在衍生性金融商品的操作上有獲利，投資人就可以依據基金發行當初所定的「參與率」，分享衍生性金融商品的獲利；如果基金在衍生性金融商品的操作產生虧損，投資人仍可拿回保本的部分。

　　此外，台灣法令要求保本型基金在公開說明書的基金名稱中，應用括弧以不同顯著顏色標明保本率及保本型基金的類型，也就是保證型或保護型。

在台灣，保本型基金依有無機構保證，可區分為保證型基金及保護型基金。

範例

假設投資人以10萬元本金買進一檔保本率100%、參與率50%的保本型基金。如果該基金在衍生性金融商品的操作上獲利30%，則基金到期時，投資人將可取回的金額如下：

保本型基金的報償金額
＝100,000元×（100%＋30%×50%）＝115,000元

保本型基金的報償結構

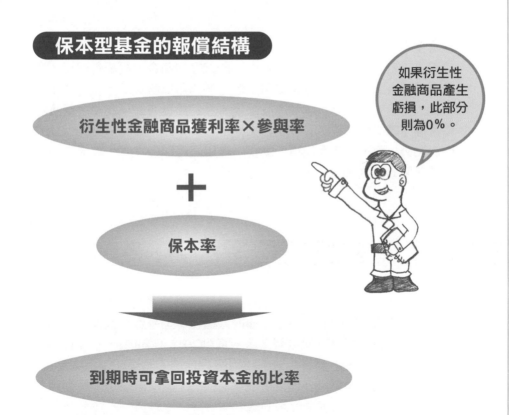

衍生性金融商品獲利率×參與率

＋

保本率

到期時可拿回投資本金的比率

如果衍生性金融商品產生虧損，此部分則為0%。

保本型基金的類型

1 保證型基金

保證型基金是指在基金存續期間,藉由銀行的保證,到期時提供投資人一定比率本金保證的基金。

2 保護型基金

保護型基金是指在基金存續期間,藉由基金投資工具,於到期時提供投資人一定比率本金保護的基金。由於保護型基金未經銀行保證,在基金管理上雖少了一筆保證費用,但它的信用風險高於保證型基金,投資人申購前應充分了解其達成保護本金的投資方式。此外,保護型基金除了應於公開說明書及銷售文件上,清楚說明無提供銀行保證的機制之外,也不得使用保證、安全、無風險等類似文字,以便讓投資人清楚它的投資風險。

保本型基金在台灣的發展

保本型基金在台灣的發展並不順利,發行檔數寥寥可數,在2008年9月17日寶來福星高照保本基金(國內首檔保本型基金)到期後,就未見有國內投信公司發行保本型基金。直到2012年第4季,才又有新的保本型基金在市場上募集,分別為國泰投信的「國泰紐幣保本基金」及復華投信的「復華南非幣2017保本基金」,這兩檔都是保護型保本基金,沒有保證機構提供保證的機制。

基金小檔案

	國泰紐幣 保本基金	復華南非幣2017 保本基金
發行者	國泰投信	復華投信
成立日期	2012年10月26日	2012年12月11日
保本類型	保護型	保護型
計價幣別	紐幣	南非幣
投資標的 與策略	主要投資於固定收益商品及衍生性金融商品（道瓊工業指數期貨）。	投資南非政府公債，並持有至到期，透過債券定期領息、到期還本的特性，達到自然保本。
存續期間 或到期日	自基金成立日之次一營業日起為期7年，到期日為2019年10月28日。	存續期間為自成立日起至2017年9月22日。
保本率	130%	100%
實際 參與率	40%	由於此基金沒有投資衍生性金融商品，因此沒有參與率的設計，投資人持有至到期可享有100%保本，再加上淨利息收益。

退休規劃的好工具：
生命週期基金

　　生命週期基金在國外非常盛行，它會隨著投資期間的經過而自動調整投資組合的資產配置。它通常會先設定一個目標年限，基金剛成立時，它的投資目標會較為積極，股票的投資比重會較高；但隨著時間的經過，它的投資目標將會愈來愈保守，股票的投資比重會逐漸降低，取而代之的則是低風險的債券等固定收益證券。

　　因此，生命週期基金非常適合作為退休規劃的理財工具，投資人可以在市場上選擇目標年限接近自己退休年限的生命週期基金。如此，投資人的資產配置將可以隨著年齡的增長而自動調整，以符合人生各階段的風險承擔能力，所以生命週期基金又稱為「人生階段基金」。

範例

以德盛安聯目標傘型基金的目標2030基金為例，該基金自成立日（2005年）起至2030年12月31日止，每五年進行一次資產配置比例的調整，成立日起至2015年12月31日止為全球股票型基金；2016年1月1日起至2030年12月31日止為全球平衡型基金；2031年1月1日起二個月內完成改型為投資國內的固定收益型基金。它的資產配置原則為：

● 第1個5年（成立日起至2010年12月31日止），投資比重為：
　股票90％ ＋ 債券10％

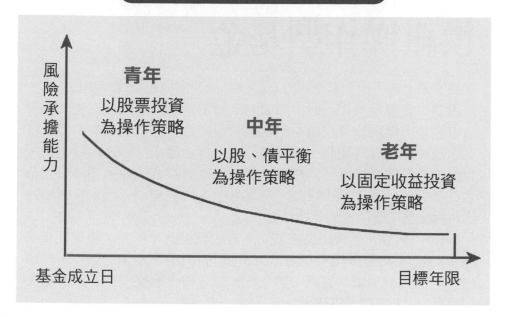

生命週期基金資產配置原則

風險承擔能力

青年
以股票投資
為操作策略

中年
以股、債平衡
為操作策略

老年
以固定收益投資
為操作策略

基金成立日　　　　　　　　　　　　　　目標年限

- 第2個5年（2011年1月1日至2015年12月31日止），投資比重為：
  股票75％ ＋ 債券25％

- 第3個5年（2016年1月1日至2020年12月31日止），投資比重每季平均為：
  股票55％ ＋ 債券45％

- 第4個5年（2021年1月1日至2025年12月31日止），投資比重每季平均為：
  股票35％ ＋ 債券65％

- 第5個5年（2026年1月1日至2030年12月31日止），投資比重每季平均為：
  股票10％ ＋ 債券90％

平衡型基金的新選擇：
模組操作型基金

　　在實務上，平衡型基金可分為股債平衡型與模組操作型兩種。

　　股債平衡型是我們一般所熟知的平衡型基金，它的投資標的會分散於股票市場與債券市場；模組操作型則是一種新型態的平衡型基金，該種基金會將期貨、選擇權等衍生性金融商品納入投資組合，以降低市場波動風險，同時透過選股來提高基金的收益率，希望基金在多頭市場及空頭市場時，都能產生正的報酬率，因此它的績效表現與大盤指數的連動性非常低。

　　例如，在2008年金融海嘯期間，當大盤指數重挫時，模組操作型基金的績效表現卻相對穩定，充分展現平衡型基金的特性。在國內，聯邦金鑽平衡、德盛安聯全球計量平衡、德盛安聯多元計量平衡等都屬於模組操作型基金。

模組操作型基金與大盤指數的相對績效表現

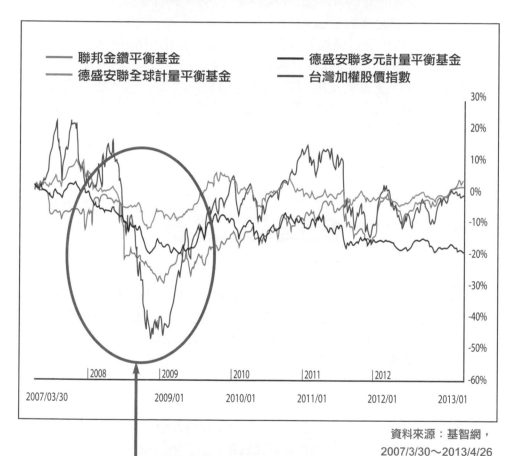

聯邦金鑽平衡基金　　　　　　德盛安聯多元計量平衡基金
德盛安聯全球計量平衡基金　　台灣加權股價指數

資料來源：基智網，
2007/3/30～2013/4/26

●　大盤指數因金融海嘯重挫時，
　　模組操作型基金的表現卻相對
　　穩定。

多空都想賺：期貨信託基金

　　期貨基金為早期在國外源自商品交易顧問（Commodity Trader Advisors；簡稱CTA）的概念，而衍生出來的共同基金，又稱為管理期貨基金（Managed Futures）。由於期貨具有槓桿操作的特性，過去台灣並不允許投信公司發行期貨基金，同時也禁止境外期貨基金在台灣銷售，使台灣投資人對期貨基金這項商品相對陌生。

　　為了提供更多元化的商品供投資人選擇，金管會於2007年7月10日發布期貨信託事業及期貨信託基金等相關法規，開放設立期貨信託事業及期貨信託基金的募集，而首檔期貨信託基金「國泰Man AHL組合期貨信託基金」也於2009年8月27日成立，截至2013年5月底止，台灣共有四檔期貨信託基金可供投資人選擇。

期貨基金的特色

1 在一般傳統基金中，經常會利用期貨商品來降低投資組合的風險，而期貨基金則是希望以積極的操作，從期貨市場中賺取最大的利潤，因此，期貨基金的操作比起其他傳統基金更需要專業的投資技巧。

2 期貨基金通常會以多空部位來抵禦市場風險（稱市場中立策略），無論大盤走勢如何都企圖為投資人爭取獲利的機會，追求的是與投資本金相比的長期正報酬（絕對報酬），不以擊敗大盤指數為目標，有別於一般基金以擊敗大盤指數為目標的「相對報酬」。

期貨信託基金與大盤指數的
相對績效表現

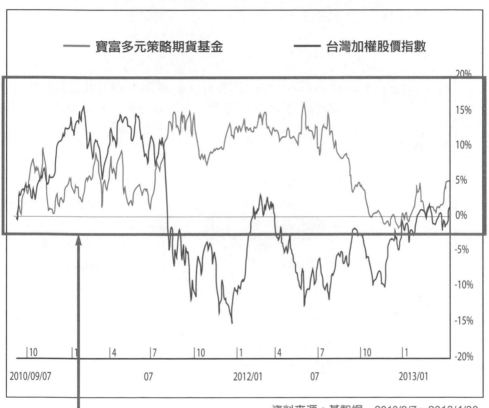

—— 寶富多元策略期貨基金　　　—— 台灣加權股價指數

資料來源：基智網，2010/9/7～2013/4/30

無論大盤漲跌，「寶富多元策略期貨基金」
的報酬率從成立以來大部分的時間都維持在
正值，充分展現它追求絕對報酬的特性。

台灣期貨信託基金發行概況

基金名稱	國泰Man AHL 組合期貨信託基金	寶來商品指數期貨 信託基金
發行機構	國泰投信	寶來投信
成立日期	2009/8/27	2009/12/10
主要投資標的	Man Investments所發行或管理的AHL系列基金	期貨、商品指數股票型基金、上市櫃期貨信託基金
投資策略	依流動性及子基金資產管理規模配置資金於不同幣別的AHL系列基金，分散各國匯率波動造成的風險	以追蹤標準普爾高盛綜合商品指數（S&P GSCI Reduced Energy Index）的績效表現為目標，會依該指數各商品權重，配置相對應的期貨合約市值
申購手續費	0.8%～1.5%（依申購金額）	0.8%
管理費	1.2%	1.23%
保管費	0.12%	0.22%
收益分配	不分配	不分配

資料來源：各基金公開說明書

寶富多元策略期貨信託基金	寶來黃金期貨信託基金
寶富期貨信託	寶來投信
2010/9/7	2010/11/04
期貨及核准非在期貨交易所進行的衍生性金融商品	黃金相關的衍生性金融商品及黃金存摺、黃金相關有價證券（含期貨信託基金）
以分散風險、確保基金的安全，並積極追求長期的投資利得及維持收益安定為目標	專注於黃金市場供需，藉由調整黃金相關投資部位，並搭配其他此基金可投資標的的策略性交易，以期達成追求黃金現貨價格走勢的投資目標
以2%為上限	0.6%～1.5%（依申購金額）
3.1%，另有績效費20%	1.5%
0.23%	0.23%
不分配	不分配

● 除一般管理費外，期貨信託基金有時也會額外收取績效費，這與國外的對沖基金相同。

基金交易的管道有哪些？

　　目前台灣境內基金的銷售管道，主要有投信公司、投顧公司、銀行或證券商。基金發行時，無論是封閉型基金或開放型基金，投資人都可直接向投信公司申購，或到證券商、銀行等代銷機構申購基金。等到基金募集完成後，銷售管道將因共同基金的類型而有不同。如果是在交易所掛牌交易的封閉型基金及指數股票型基金，投資人必須透過證券經紀商下單買賣共同基金；如果是開放型基金，則直接向投信公司、投顧公司、證券商或透過銀行的「特定金錢信託」等方式申購或贖回共同基金。

境內基金的銷售管道

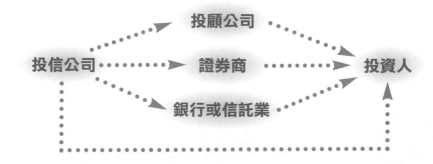

指數股票型基金
封閉型基金

投資人 ········證券經紀商·······▶ 交易所 ········證券經紀商·······▶ 投資人

開放型基金

投顧公司

投信公司 ········▶ 證券商 ········▶ 投資人

銀行或信託業

在境外基金方面，境外基金管理機構得委任一家投信公司、投顧公司或證券商，擔任境外基金的總代理人，負責境外基金的募集及銷售業務。總代理人也可以再委任其他投信公司、投顧公司、證券商、銀行或信託業，擔任境外基金的銷售機構。換句話說，投資人除了可直接向總代理人申購境外基金之外，也可以向委任的銷售機構申購。

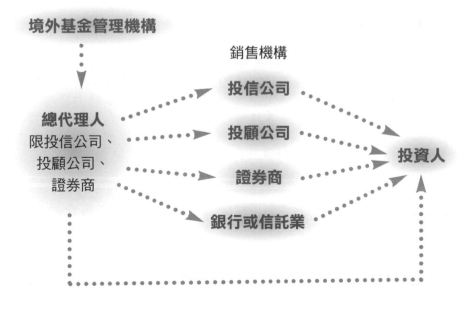

境外基金總代理制

境外基金管理機構

銷售機構

總代理人
限投信公司、
投顧公司、
證券商

投信公司

投顧公司

證券商

銀行或信託業

投資人

共同基金交易管道比一比

　　前面提到了可買賣基金的管道，而不同的交易管道對投資人來說又有什麼差別呢？基本上，投資人可針對產品多樣性、手續費、交易便利性、諮詢服務與專業性等方面進行比較。

基金交易管道的比較

	產品多樣性	諮詢服務與專業性
投信公司	只銷售自己旗下的境內基金，代銷的境外基金數也不多，產品多樣性最低。	有自己的研究團隊，且研究的市場範圍較為聚焦，專業性最佳。投資人可利用電話諮詢或它的研究報告，取得較具參考性的投資資訊。
銀行	可以同時代銷多家國內、外基金管理機構的共同基金，無論是境內或境外基金，產品多樣性最高。	投資人雖然可以很方便地向銀行理專諮詢相關的投資資訊，但理專的專業能力參差不齊，且更不可能對他所銷售的基金市場全盤了解，在專業性方面稍弱。
證券商投顧公司	雖然也可同時代銷多家國內、外基金管理機構的共同基金，但產品多樣性沒有銀行高。	有營業員或客服專線可提供諮詢。由於也有專業的研究團隊，專業性較銀行佳。

交易便利性	帳戶管理	手續費
除臨櫃、傳真、郵寄等傳統下單方式外，通常也會設有網路下單系統，方便投資人下單，以降低銷售據點較少的不便利性。	如果要投資不同投信的基金，必須開立多個投信帳戶，帳戶管理較不方便。	申購手續費常有折扣，網路下單的折扣更低。有時針對部分共同基金，甚至會提供零手續費的優惠。
銀行據點多，對採傳統下單方式的投資人而言，便利性最高；而且大部分的銀行也都設有網路下單系統，對投資人更加方便。	開立一個帳戶就可投資多家投信的基金，方便集中管理。	手續費常有折扣，網路下單的折扣更低；由於採特定金錢信託方式申購，因而會多一筆信託管理費。
多數只提供臨櫃、傳真、郵寄等傳統下單方式。據點較銀行少，交易便利性最低。	開立一個帳戶就可投資多家投信的基金，方便集中管理。	手續費常會有折扣優惠；交易金額愈大，折扣有可能愈低。

基金開戶要準備什麼？

選定好買賣基金的管道之後，就可以攜帶身分證、印章到它的服務據點辦理開戶。開戶時，必須填寫受益人（通常是自己）的基本資料、交易方式、基金贖回時交易價金匯款的指定銀行帳號、投資適性評估調查表、委託銀行轉帳扣款授權書等。現在很多投信公司也會提供線上開戶服務，只要在網路上填寫相關資料，將申請書表列印出來寄給投信公司即可，不須出門也可以完成開戶作業，相當方便。

如果投資人選擇到銀行買賣基金，通常是以「特定金錢信託」的方式買賣基金，投資人（委託人）將資金信託給銀行（受託人），銀行再利用受託資金向投信公司申購投資人所指定的基金，並由投資人負擔基金投資盈虧及各項相關費用。所以投資人必須先與銀行簽訂「信託契約」，才能指示銀行買賣基金。

基金開戶文件範例

● 如果勾選，代表未來可以臨櫃、傳真、網路、語音等方式買賣基金。否則僅能以傳真方式進行交易。

● 這個帳號是供未來贖回基金或配息價款匯入之用。但投資人必須自行吸收匯費。

基金開戶暨交易同意書（自然人適用）

戶　號：＿＿＿＿＿＿＿

壹、受益人資料 立約定書人同意如受益人係舊戶者經核對原留印鑑無誤後，除印鑑變更外，本公司得自動將您原留元大寶來之相關基本資料更新成此表單內容。（如欲變更原留存印鑑請另填受益人印鑑及名稱異動申請書）

受益人中文名稱	王大明	身分證字號或統一編號	A 1 2 3 4 5 6 7 8 9
受益人英文名稱	WANG, DAMING　（須與護照相同）	出生年月日	72 年 2 月 2 日
通 訊 地 址	☑☐☐（以國內地址為限） 台北市基隆路1段180號4樓		
戶 籍 地 址	☑同通訊地址 ☐不同通訊地址，另列如右：☐☐☐		
電 子 郵 件 信 箱			（必填欄位）
對帳單及確認單傳遞方法	☐E-Mail ☐簡訊 ☐自行查詢 ☑寄發至通訊地址（請擇一勾選，申請全方位者限採前三項辦理；未選或多選者，元大寶來投信得依前述順序辦理）	行 動 電 話	0912345678
連 絡 電 話	住家(02) 87876242　　公司(　)		傳真

未滿20歲之受益人，須填寫雙方法定代理人資料；受輔助宣告人，得留存一位法定代理人（即輔助人）資料。

法定代理人姓名（1）		身 分 證 字 號	
法定代理人姓名（2）		身 分 證 字 號	

貳、交易方式

☐開立全方位交易功能　　1.可透過一般/網路/語音/傳真交易及其它由主管機關核可之新種交易（本公司保有變更各交易功能之權限）辦理基金交易相關事宜。（惟原元大投信基金及期貨信託基金之電話語音交易功能尚未開放，嗣後開放時將於網站公告及系統告知）
2.勾選者請務必填寫『電子郵件信箱』及『委託銀行轉帳扣款授權書』。
3.未勾選者則一律僅開傳真交易功能，並請至少填寫一個約定帳號資料，若未填寫者，一律以退件處理。

參、約定帳號資料 此項為必填項目，請至少填寫一個約定匯款帳號（僅限受益人本人名義開立之帳戶，以確保個人權益。帳號請由左至右填寫，空白處不需補"0"）。日後辦理買回手續時，僅得就約定帳戶選擇；約定帳戶倘有異動，應另行填寫「受益人基本資料異動申請書」向元大寶來投信辦理異動手續。

銀行/郵局	分行/支局	買回約定帳號（郵局帳號填寫順序：局號+帳號共14碼）	若需指定為收益分配約定帳號者，請擇一帳號勾選。（重複勾選者，以第一勾選帳號作為約定帳號）
			☐收益分配約定帳號
			☐收益分配約定帳號

身分證件黏貼處	
正面	反面

電子交易戶檢附文件確認與正本無誤：

投資適性評估調查表

本公司為符合證券投資信託事業管理規則第22-1條及其他金融消費者保護法令規範，瞭解及評估客戶風險承受度及屬性，提供您更適合的投資產品，請逐項完整填寫下列資料，以完成開戶程序。（提醒您！務必完整填寫，以免延誤您的開戶作業時間，*註記為申購期貨信託基金必填寫部分）

> 若受益人為未滿二十歲之未成年或受輔助宣告之人，下列內容請以法定代理人或輔助人本身資料為依據。

第一部份：客戶基本資料

1.學歷 □國中以下 □高中職 □專科 □大學 □碩士以上

2.婚姻狀況 □未婚 □已婚

3.子女人數與年紀 □無子女 □有子女（請務必填寫）　人，子女年紀（可複選）：□5歲以下 □6歲~12歲 □13歲~18歲 □19歲~22歲 □23歲以上（若有子女請務必勾選）

4.職業 □製造業 □金融業 □商業 □資訊業 □服務業 □自由業 □醫 □軍警公教 □專業人員 □退休人士 □家管 □待業中 □學生 □其他 （請填寫您的職業）

5.職務 □企業負責人 □高階主管 □中階主管 □專業人員 □技術人員 □業務 □一般職員 □其他 （請填寫您的職業）

6.個人平均年收入 □70萬以下 □70萬(含)~100萬 □100萬(含)~300萬 □300萬(含)~500萬 □500萬(含)~1000萬 □1000萬(含)以上

7.*家庭平均年收入 □70萬以下 □70萬(含)~100萬 □100萬(含)~300萬 □300萬(含)~500萬 □500萬(含)~1000萬 □1000萬(含)以上

8.收入主要來源(可複選) □薪資 □退休金 □投資理財 □經營事業收入 □租金收入 □買賣不動產 □繼承/遺產 □其他 （請填寫您的收入主要來源）

9.預估投資金額 □20萬以下 □20萬(含)~50萬 □50萬(含)~150萬 □150萬(含)~300萬 □300萬(含)~800萬 □800萬(含)以上

10.開戶原因(可複選) □親友介紹 □廣告活動促銷 □手續費率因素 □基金績效佳 □基金產品獨特/多元 □公司知名度 □地點方便 □其他 （請填寫您的開戶原因）

第二部份：客戶投資喜好

1.您每次投資基金的期限 □未達1年 □1年~3年之間 □超過3年

2.您投資基金的方式(可複選) □單筆申購 □定時定額 □定時不定額 □其他 （請填寫您的投資方式）

3.*您預計每次投資基金的交易額度為 □1萬元以下 □1萬(含)~100萬以內 □100萬(含)~500萬以內 □500萬(含)以上

4.您慣用的投資基金管道(可複選) □直接透過基金公司 □透過銀行 □透過券商 □其他 （請填寫您的投資管道）

5.您如何透過上述管道投資基金(可複選) □臨櫃交易 □傳真交易 □網路交易 □透過固定理財專員進行交易 □其他 （請填寫您的交易方式）

6.您喜好的基金類型(可複選) □股票型 □股債平衡型 □組合型 □債券型 □指數型 □ETF □保本型 □其他 （請填寫您喜好的基金類型）

7.您喜好的基金種類(可複選) □全球型 □區域型 □單一國家型 □產業型 □主題趨勢型 □其他 （請填寫您喜好的基金種類）

8.*您期望資產管理公司提供之服務為 □理財專員適時性服務 □提供網路平台、電子訊息服務 □客服中心必要時諮詢 □提供帳戶訊息即可 □其他，

9.*期望收到市場訊息的頻率為：□每日或不定期 □每週 □每月 □每季 □不需要提供

● 這份「投資適性評估調查表」，目的在了解客戶風險承受度及投資屬性。最後會根據分數得出客戶屬於哪種類型的投資人，以及可以投資的風險收益等級範圍。

第三部份：風險屬性評估

題　目	答　案
1.投資經驗（單選）	
（a）未達1年（1分）　（b）1年（含）～3年（2分）　（c）超過3年（3分）	
2.資金運用情況（單選）	
（a）收入幾乎等於支出，手上資金不夠充足（1分） （b）會撥出部分收入，進行投資（2分） （c）收入不僅當期投資，若有額外收入還會加碼投資（3分）	
3.曾使用的投資理財工具（可複選，但僅依分數最高者計分）	
（a）定存、貨幣市場型基金（1分） （b）投資型保單、國外債券基金、股債平衡型基金（2分） （c）股票、股票型基金、期貨、選擇權（3分）	
4.投資理財觀念（單選）	
（a）投資一定會獲利，不會賠錢（1分） （b）追求較高投資報酬，但不願意承擔較高的投資風險（3分） （c）了解投資有賺有賠，會為了追求較高的投資報酬，願意承擔較高的投資風險（5分）	
5.投資理財目的（單選）	
（a）短暫資金停泊（1分）　（b）追求穩定報酬（2分）　（c）追求長期投資獲利（3分）	
6.投資基金的情境（單選）	
（a）只要親友推薦就投資，即使還不清楚投資之市場與風險（1分） （b）投資前會先了解投資之標的及市場，只要看好就會進場投資（3分） （c）投資前會了解投資標的、市場、並確認能承擔投資之風險及損失後，才進行投資（5分）	
7.可接受的投資報酬與損失（單選）	
（a）正負未達5%（1分）　（b）正負5%（含）～10%（2分）　（c）正負超過10%（3分）	
8.請自行加總1～7題回答之分數，但考量高齡投資人面對投資風險之承受度較一般低，若您的年齡為70歲（含）以上，請加總後再減3分計算。您所得到的總分為：	分
9.根據第8題計算出的總分對照下表後，可了解依您的投資方式與經驗，在面對風險時的承受程度屬性類型。您在面對風險時的承受度屬於：	型

分數	風險屬性類型	風險屬性說明	適合系列基金（聯博信託基金）產品風險收益等級
7分或以下	保守型	風險承受度極低，期望避免投資本金之損失，但仍有投資減損之可能	RR1～RR2（R1）
8分～14分	穩健型	願意承受少量之風險，以追求合理之投資報酬	RR1～RR3（R1-R3）
15分～25分	積極型	願意承受相當程度之風險，以追求較高投資報酬	RR1～RR5（R1-R5）

10.請問您是否認同本次風險屬性評估之結果？

☐ 是，認同上述評估結果為本公司在面對風險時之承受度屬性

☐ 否，本公司不同意本次風險屬性評估之結果，經重新檢核上述問卷中所填寫之內容確實符合本公司之投資觀念，但本公司實際在面對風險時之承受度較評估結果「低」，應為＿＿（保守型／穩健型／積極型）

若您認為您的風險承受度較評估結果「高」時，請重新確認您於評估問卷中所填寫之內容是否正確

- RR1：貨幣市場基金。
- RR2：已開發國家公債基金及投資級的已開發國家公司債券基金。
- RR3：平衡型基金、非投資級的已開發國家公司債券基金、新興市場債券基金。
- RR4：全球股票型基金、已開發國家的單一市場基金或區域型基金。
- RR5：單一市場基金、新興市場基金、產業類股基金、店頭市場基金。

玖、委託銀行轉帳扣款授權書〔交易方式勾選1.全方位交易者，本項資料為必填〕

1.本文件恕不受理感光紙辦理申請。本授權書之簽訂，代表受益人已詳閱並同意下列授權扣款各項事宜。

2.為維護交易之安全權益，本授權書之受益人務必等於扣款人。

3.立授權書人（以下簡稱受益人）茲授權扣款行依本授權書指示，於受益人向元大寶來信申購現有及未來經主管機關核准募集發行之元大寶來系列基金，並由受益人設立於扣款行之活存存款或活期儲蓄存款戶進行自動扣款轉帳，將轉帳款項撥入元大寶來系列基金於帳務代理銀行所開立之各基金專戶內，以作為受益人向元大寶來信申購元大系列基金之申購價款（含手續費），並委託扣款行依下列約定事項辦理前述扣款轉帳作業。

（1）受益人同意扣款行依據元大寶來投信編製之清單或明細表或電子媒體資料所載金額為準，由扣款行於規定交割或付款時間逕自受益人在扣款行開立之帳戶自動扣款轉帳，以作為受益人向元大寶來投信申購元大寶來系列基金之申購價款，如該日為國定例假日者，則順延至次一營業日，如因扣款行電腦轉帳系統故障或其他不同抗力事由，致未能適時進行自動扣款轉帳作業，受益人同意順延至電腦修復正常運作或其他不可抗力事由排除之營業日進行扣款轉帳作業，其申購日相對順延。

（2）元大寶來投信所製作之明細清單或電腦媒體資料等內容倘有錯誤，或受益人對應付申購價款（含手續費）有爭執時，願由受益人負責與元大寶來投信處理，概與扣款行無涉。

（3）受益人應付元大寶來投信之申購價款及自動扣款轉帳之日，悉依元大寶來投信所製作之明細清單或電腦媒體資料為準，由扣款行於自動扣款轉帳日逕自受益人在扣款行設立之活期存款或活期儲蓄存款帳戶進行扣款作業，若受益人指定帳戶餘額不足以支付自動轉帳申購價款時，扣款行得不進行扣款轉帳作業。受益人如向扣款行申請載項扣款服務，致需於同一天內自同一帳戶執行數筆扣款交易時，扣款行有權自行決定各筆扣款之先後次序。扣款人指定之撥轉帳戶結清時，本授權書之效力即自動終止。

目前配合委託扣款銀行如下

代號 金融機構	代號 金融機構	代號 金融機構	代號 金融機構	代號 金融機構	代號 金融機構	代號 金融機構	代號 金融機構
004 台灣銀行	009 彰化銀行	017 兆豐銀行	103 新光銀行	130 新竹一信	215 花蓮一信	807 永豐銀行	814 大眾銀行
005 土地銀行	011 上海商銀	050 台灣中小企銀	105 台北九信	146 台中市二信	216 花蓮二信	808 玉山銀行	815 日盛銀行
006 合作金庫	012 台北富邦	052 渣打銀行	108 陽信銀行	147 三信銀行	803 聯邦銀行	809 萬泰銀行	816 安泰銀行
007 第一銀行	013 國泰世華	101 大台北銀行	114 基隆一信	162 彰銀六信	805 遠東銀行	810 星展銀行	822 中國信託
008 華南銀行	016 高雄銀行	102 華泰銀行	118 板信銀行	165 彰縣鹿港信	806 元大銀行	812 台新銀行	

《元大寶來投信委託銀行轉帳扣款授權書－投信留存聯》

扣款人姓名 (扣款人須等於受益人本人)		身分證字號/統一編號		《扣款人扣款行留存印鑑》
扣款銀行		分　　行		
扣款帳號				

從投信公司有配合的銀行中，選定申購基金交易價款的扣款帳號。未來申購基金時，只要將申購價款及手續費存入這個帳號就可以了。否則必須自行將交易價款匯到基金專戶的銀行帳號。

共同基金申購的流程

　　開戶完成後，就可以向投信公司或基金代銷機構申購基金，下單方式有臨櫃、傳真、郵寄、網路、語音等，要採取哪一種下單方式，就看自己的下單習慣及銷售機構所能提供的服務，例如，證券商、投顧公司大多沒有提供網路或語音下單服務，這時投資人只能選擇傳統的下單方式。在實務上，共同基金投資方式主要有單筆投資及定期定額投資。

共同基金投資方式

1 單筆投資

單筆投資是指將預定投資的資金一次全部投資在某一檔基金中，申購當天必須填寫「單筆申購申請表」，並支付申購金額及手續費，申購價格以申購當天的基金淨值計算。

2 定期定額投資

定期定額投資是將預定投資的資金，分期（如每個月）以「固定金額」投資於某一檔基金，申請當天須填寫「定期定額申購申請表」，但不須交付任何款項，只要指定扣款的銀行帳戶、每月的扣款日期及金額即可，等到每月扣款日時，再從指定扣款的銀行帳戶中扣款，每次扣款的申購價格則以扣款日當天的基金淨值計算。

申購時間多為每營業日
9:00～16:00（或15:00），貨
幣市場基金則為每營業日9:00～
12:00（或11:00），依銷售機
構而有不同。

基金申購流程

step *1* 填寫申請表

- 到共同基金銷售據點或它
  的網站索取申購申請表
  格，網路申購者則依指
  示在線上填寫。
- 單筆申購須填寫想要申
  購的共同基金名稱、
  申購金額、手續費、
  付款方式等資料。
- 定期定額申購須填寫
  想申購的共同基金
  名稱、每月扣款日
  期及金額等資料。

step *2*　交付申請表

● 臨櫃申購者可將申請表直接交付給銷售
機構。
● 傳真申購者須在申購時間內傳真申請表
給銷售機構，並以電話方式確認對方是
否收到。
● 網路申購者可以直接透過網路，送出填
好的申請表。

step *3*　付款

● 如果開戶時有辦理直接轉帳扣款，須在申購當天存入交易價款
（含申購價款及手續費）。
● 如果沒有辦理直接轉帳扣款，申購當天須以匯款或自動提款機轉
帳方式支付交易價款，並提供匯款或轉帳單據給銷售機構。
● 定期定額申購者，申請當天無須付款，等到每月扣款日時再從指
定銀行帳戶扣款。

step *4*　申購交易完成

● 交易完成後，投資人將會收到交易確認書。由於目前國內共同基
金全採無實體發行，所以投資人不會收到共同基金實體的受益憑
證，每個月只會收到對帳單。

如何填寫基金申購申請表？

申購共同基金最重要的步驟在於填寫申購申請表，接下來將說明單筆申購及定期定額申購申請表的填寫範例。

單筆申購申請表填寫範例

● 框內的金額是投資人在申購當日須存入扣款帳戶或匯款的金額。

● 投信公司會依據申購金額及申購當日基金淨值，計算可申購的基金單位數。申購金額最低門檻多為1萬元。

● 開戶時如果有填寫銀行轉帳扣款授權書，就可以勾選授權直接轉帳。否則必須採取電匯，或利用自動提款機轉帳到指定的基金專戶，並將匯款單據連同申請表傳真或郵寄給銷售機構。

● 如果申購的基金有配息才須填寫此欄位資料。其中，A類型（累積型）是採轉入基金再投資的方式，B類型（配息型）則以現金分配的方式配息。

基金單筆申購申請表

本公司恕不受理感光紙辦理　資料若有塗改請務必蓋章

★申請日期	102 年 7 月 17 日(請務必填寫)	戶號(可不填)								

★受益人名稱	王大明
★身分證字號或統一編號	A 1 2 3 4 5 6 7 8 9
★白天聯絡電話	(02) － 87876242　　分機
傳真號碼	(　　) －

★如何進行傳真交易：
※ 傳真後請務必來電確認，未確認者，若相關資料有誤，本公司將取消交易。
1．填妥本申請表，並附上相關文件（如匯款水單）
2．傳真至 (02) 2706-5090，傳真後請務必來電確認，交易確認專線 (02) 2706-9777 轉專人爲您服務。
★基金申購收件截止時間：
貨幣市場型基金上午11:00，非貨幣市場型基金下午5:00

★申購基金名稱	★申購金額(1)	手續費率(2)	★手續費(3)=(1)x(2)	★申購總金額(4)=(1)+(3)
群益　葛萊美　基金 若選擇配息類別基金請勾選下方A或B類	100,000 元	1.5 %	1,500 元	101,500 元

★付款方式
- □ 電匯--自　　　　　銀行　　　　　分行匯出
  （匯款人請以"受益人名稱"匯款，開立支票發票人須同受益人名稱，不符前述者，申購無效。）
- □ ATM(請附轉帳證明)
- ☑ 授權直接轉帳(限公募基金)--依您簽訂之直接轉帳付款授權書之指定銀戶扣款
  (1.扣款帳戶不得爲郵局 2.本申請表貨幣型於10：30、非貨幣型於15：30前傳真 3.扣款金額上限規定需依財金公司或銀行規定辦理)

★申購配息基金專用
- □ A類型受益權單位(累積型)，A類型每次申購最少壹萬元正
- □ B類型受益權單位(配息型)，配息帳戶如下：B類型每次申購最少壹拾萬元正，但再次申購時已持有該類型基金達一萬個單位數或其對應之淨資產價值達新台幣壹拾萬元整時，每次申購最少壹萬元正
  * 適用首次指定收益分配之帳戶受益人使用，如已指定而欲變更者，請填寫「受益人基本資料變更表」
  收益分配匯款指定帳戶：　　　　　銀行　　　　　分行，帳號：　　　　　　　　
1. 限原登記之贖回帳號；若非原登記之贖回帳號，需交付申購書正本或「受益人基本資料變更申請表」正本，並同意上述帳號登記爲群益系列基金指定贖回帳號。
2. 申購群益系列基金之B類型受益憑證單位(配息型)請務必填寫「收益分配匯款指定帳戶」，若未填寫者，本公司將以最近一次配息資料轉檔日受益人最新登記之贖回帳號做爲配息匯款帳號。

★受益人同意事項

此致　群益證券投資信託股份有限公司
　　受益人應瞭解投資本基金之風險，其內容、目標、投資方針、投資風險之相關資料與規定，該基金可能因市場價格波動、衍生性金融商品、流動性、政治、匯回投資、法令、利率及投資於違約的債券等風險，而對原投入之本金或收益有所減損，故不一定能取回全部之投資金額。本人已審慎評估本身之財務能力與經濟狀況及其該基金潛在之風險後，自行作成獨立之基金買賣投資決定，如有任何投資損失，概與經理公司無涉。
* 以上應載內容及相關資料均由本人確認無誤。
* 高收益債券基金或得投資於高收益債券之本公司其它基金，其主要或部份投資於信用評等未達投資等級或未經信用評等之高風險債券，此類債券對利率變動的敏感度甚高，亦可能會因利率上升、市場流動性下降，或債券發行機構違約不支付本金、利息或破產而蒙受損害。前該基金也可能投資於美國144A債券，該債券屬私募性質，較可能產生流動性不足，財務訊息揭露不完整或因價格不透明等致波動性較大之風險，不適合無法承擔相關風險之投資人。投資人投資前該基金不宜占其投資組合過高之比重，前該基金適合能承受較高風險之非保守型投資人。
* 本人已於申購前取得申購基金之簡式公開說明書或公開說明書並詳閱之，藉由上開說明書，瞭解並同意支付應負擔之費用。
* 本人確定知悉本身風險承受程度及本次申購基金類型之風險，並可以承受本次投資可能發生的損失。
* 本申購書所引述之相關文件或附件，均視爲本申購書之一部分。
* 本人同意若經由銷售機構申購基金，已自行至各銷售機構網站查詢通路報酬，未來亦自行上網查詢最新之經理費率及分成費率。

★請簽蓋受益人原留印鑑（同綜合理財帳戶表留存印鑑）

（王大明印鑑章）

(未成年(20歲以下)或受輔助宣告之受益人請加蓋法定代理人或輔助人印鑑;法人請蓋公司全銜印鑑及代表人印鑑)

覆核：	校印：

注意事項

1. 本公司以追求基金長期投資利得及維持收益安全爲目標，故不歡迎受益人對基金進行短線交易。若持有基金(安穩貨幣市場基金除外)未滿七個日曆日(含第七日)者(含透過特定金錢信託方式申購者)，應支付買回價金之萬分之一(0.01%)之買回費用；買回費用計算至新台幣「元」，不足壹元者不予收取，滿壹元以上者四捨五入。
2. 海外型基金達一定比例之投資所在國證券交易市場因國定例假日停止交易時，得暫停計算淨值、申購、買回及延遲給付買回價金，相關規範請詳閱公開說明書。
3. 基金公開說明書或簡式公開說明書置於經理公司營業處所，投資人可於營業時間內前往參閱、索取或至經理公司之網站 www.capitalfund.com.tw或至公開資訊觀測站

newmops.tse.com.tw下載。
群益投信所發行之公募基金因其受益憑證以無實體方式發行，未開放證券商保管劃撥帳戶功能，故無法提供投資人要求可透過證券商保管劃撥帳戶辦理申購贖回及登載於證券商之保管戶劃撥帳戶之服務且受益人不得申請領回實體受益憑證。
各基金申購手續費率請詳各基金公開說明書。
本公司未受理「以現金交付」之申購個數，請投資人逕由金融機構匯款或轉帳辦理基金申購。另提醒：爲因應金管會防制洗錢相關規範，請投資人配合本公司依法所爲之身分確認程序，以避免影響交易時效。
各銷售機構之通路報酬請詳至各銷售機構網站查閱。

代銷機構收款章	業務員代號：	2012.08 版

定期定額申購申請表填寫範例

群益系列基金定期定額交易申請表
（倘未開戶者請另填綜合理財帳戶表及各項群益信託基金直接轉帳付款授權書者）
本公司恕不受理感光紙辦理　資料若有塗改請務必蓋章

1. ✓申請日期：__102__ 年 __7__ 月 __17__ 日　　　　戶號：☐☐☐☐☐☐ （可不填）
2. ✓受益人名稱：__王大明__
4. ✓白天聯絡電話：(02) － __87876242__
3. ✓身分證字號或統一編號：|A|1|2|3|4|5|6|7|8|9|
5. 推薦人身分證字號：☐☐☐☐☐☐☐☐☐☐

*表定手續費率：電子交易戶 0.3%，非電子交易戶 0.7%（若舉辦專案活動時，則以活動內容的費率為主）

扣款基金	扣款日期及金額			扣款基金	扣款日期及金額		
	每月6日	每月16日	每月26日		每月6日	每月16日	每月26日
群益店頭市場基金	___元	___元	___元	群益亞太新趨勢平衡基金	___元	___元	___元
群益創新科技基金	___元	___元	___元	群益新興金鑽基金	___元	___元	___元
群益中小型股基金	___元	___元	___元	群益東方盛世基金	___元	___元	___元
群益馬拉松基金	___元	___元	___元	群益華夏盛世基金	___元	___元	___元
群益長安基金	___元	___元	___元	群益印巴雙星基金	___元	___元	___元
群益東斯卡基金	___元	___元	___元	群益亞太中小基金	___元	___元	___元
群益葛萊美基金	3,000元	___元	___元	群益多利策略組合基金	___元	___元	___元
群益全球不動產平衡基金-A(累積型)	___元	___元	___元	群益全球不動產平衡基金-B(季配型)請務必填寫下列收益分配帳戶	___元	___元	___元
群益真善美基金	___元	___元	___元	群益東協成長基金	___元	___元	___元
群益平衡王基金	___元	___元	___元	群益印度中小基金	___元	___元	___元
群益安家基金	___元	___元	___元	群益新興大消費基金	___元	___元	___元
群益多重資產組合基金	___元	___元	___元	群益大中華雙力優勢基金	___元	___元	___元
群益新興市場債券基金-A(累積型)	___元	___元	___元	群益新興市場債券基金-B(月配型)請務必填寫下列收益分配帳戶	___元	___元	___元
群益多重收益組合基金	___元	___元	___元	群益台股指數基金	___元	___元	___元

➤ B類(配息型)收益分配匯款指定帳戶：適用首次指定收益分配之帳戶受益人使用，並須於下列欄填寫欲登記群益系列基金指定贖回帳號。如已指定而欲變更者，請填寫「受益人基本資料變更申請表」。

銀行_____　　分行、帳號：_____

注意事項
1. 本申請表正本須於扣款日(每月6日/16日/26日)前四個營業日下午四時(含)前送達群益投信，經審核無誤後始可於翌月生效，若指定扣款金融機構核印不符或扣款人印鑑不符，將延至完成核印後之下一選擇扣款日開始扣款。（若為募集中基金，不以前述日期規則處理，首次扣款日將於取得成立核准函後四個營業日始得扣款）
2. 每支基金每次最低扣款金額為 3,000 元(唯選擇B類型(配息型)最低申購金額為 10,000 元)，並以千元為單位累加，須另加手續費，若申請二個以上基金，扣款當日存款不足，依扣款銀行作業程序處理之。
3. 扣款日期為每月6日/16日/26日，遇假日則順延至次一營業日 (扣款金額請務必於扣款日前一銀行營業日 15:30 前存入扣款帳戶)。
4. 若受益人未主動提出終止扣款之申請，扣款金融機構將持續辦理每月月扣款作業；但連續三次扣款失敗，比照受益人提出終止扣款辦理。
5. 若受益人再次申購同一基金，本公司將以此申請表為優先考量 (仍維持以原授權扣款之帳戶進行扣款)。
6. 本公司在第一次扣款順利完成前，保留是否接受申請之權利，但本公司不同意接受申請時，將予個別通知。

此致　群益證券投資信託股份有限公司
受益人同意向指定扣款基金之受益人，依簽發行使權利、負擔義務，且已詳閱該基金之最新版公開說明書。請依說明書所載扣款之指示，按約定之扣款日 (若非營業日，順延至次一營業日) 自授權扣款戶進行自動扣款作業，其款項由本人指定扣款基金戶，作為受益人向群益投信申購基金之價款，有關執行本項款項申購扣款公告之最新規定辦理。

群益已發行之公募基金及其交易機制可能隨時變更方式履行，於未經政府管管機構核准之可能，故於提供投資人要求可隨政府核准前申購贖回及登錄之證券與之保管之申報表之。

★以上應載內容及相關資料與本人確認無誤。
★本人於申購(或持有)申購基金之前式公開說明書或公開說明書，並詳閱、瞭解上開說明，瞭解投資風險或及各項可能費用。
★本人確認已知本人身份承受得越及本次申購基金類型之風險，並可以承受本次投資可能發生的損失。
★本申購書所附之相關文件或條件，均視同本申請書之一部分。
★本人同意群益投信系列基金，已自行簽名或印鑑已妥認原始資料酬，未來自行上開指定帳號之新之總費率或及分成費率。

勾選及填寫要申購的共同基金名稱，以及每月的扣款日期及金額。每月扣款金額最低門檻多為3,000元，每月最多可扣款三次，由投資人自行決定。

選擇單筆投資?
還是定期定額投資?

　　不管是採取單筆投資或定期定額投資,都各有優點,主要還是要看投資人的個性和投資習慣來決定。

　　由於單筆投資後它的成本就已固定,因此相對來說,使用單筆申購的風險也較高;如果未來的市場行情表現不佳,將直接影響該筆投資的報酬。因此,單筆投資的申購方式比較適合對市場未來行情有信心的投資人。

　　定期定額投資方式對投資人而言,不須太在意短期基金淨值的波動,行情高時買到的單位數少,行情低時買到的單位數多。這種投資方式類似銀行的零存整付,可以強迫投資人每月儲蓄投資,非常適合小額資金且打算長期投資,但又無法判斷買賣時點的投資人。除了平均投資成本外,投資期間愈長,定期定額投資的財富累積效果愈顯著。

單筆投資 的優點	定期定額投資 的優點
●具有較高的投資彈性,可看行情的好壞決定買賣的時機與金額。	●可分散投資時點,具有平均投資成本的功能,降低投資風險。

單筆投資和定期定額投資的適用時機

在相同的投資期間內

如果市場行情處於
上漲的走勢

⬇

單筆投資
優於
定期定額投資

因為在市場行情上漲時，定期定額投資的平均單位成本將逐期墊高；而單筆投資則不會改變，它的單位成本將低於定期定額投資。

如果市場行情處於
下跌的走勢　或　**盤整**的走勢

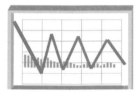

⬇

定期定額投資
優於
單筆投資

因為在市場行情下跌時，定期定額投資的平均單位成本將逐期降低。如果市場行情處於盤整走勢，雖然無法直接判定孰優孰劣，但定期定額投資具有平均投資成本的功能，單筆投資則沒有，對老是抓不到投資時點的散戶投資人而言，定期定額投資仍是比較好的選擇。

定期定額投資的財富累積效果

假設投資人每個月初定期扣款3,000元投資於某一基金，如果該基金平均月報酬率達 **1%**

> 1年後贖回價值為38,428元
> 3年後為130,523元
> 10年後為697,017元
> ⋮
> 30年後贖回價值將可高達10,589,741元

當然平均月報酬率的高低，對財富累積的效果也有非常顯著的影響！

如果平均月報酬率為 **1.5%**，30年後贖回價值高達42,975,868元

如果平均月報酬率為 **0.5%**，30年後贖回價值只有3,028,613元

> 除了投資期間外，共同基金的績效表現也會影響定期定額投資的財富累積效果喔！

定期定額投資的財富累積效果

每月3,000元	平均月報酬率		
投資期間	1.5%	1%	0.5%
1	39,710	38,428	37,192
2	87,189	81,730	76,677
3	143,955	130,523	118,598
4	211,826	185,505	163,105
5	292,974	247,459	210,357
6	389,995	317,271	260,523
7	505,996	395,937	313,783
8	644,688	484,580	370,328
9	810,511	584,465	430,361
10	1,008,773	697,017	494,096
15	2,757,627	1,513,728	876,818
20	7,030,462	2,997,444	1,393,053
25	17,469,936	5,692,905	2,089,377

定期定額投資之平均投資成本的效果

假設小強和小虎同時對群益葛萊美基金有興趣，分別採取定期定額投資及單筆投資。小強選擇每月6日扣款，每次扣款1萬元，計畫扣款一年；小虎則在2011年7月1日單筆申購了12萬元。

在一年的投資期間，如果基金淨值表現如下表所示，定期定額投資的單位投資成本為12.22元，單筆投資的單位投資成本為14.15元，從這案例明顯看出，定期定額投資的平均投資成本功能。

每月	群益葛萊美	定期定額投資		單筆投資	
扣款日	基金淨值	扣款金額	申購單位數	申購金額	申購單位數
2011/7/1	14.15	-	-	120,000	8480.57
2011/7/6	14.45	10,000	692.04		
2011/8/8	12.68	10,000	788.64	-	-
2011/9/6	11.95	10,000	836.82	-	-
2011/10/6	11.15	10,000	896.86	-	-
2011/11/7	12.40	10,000	806.45	-	-
2011/12/6	11.07	10,000	903.34	-	-
2012/1/6	11.31	10,000	884.17	-	-
2012/2/6	12.51	10,000	799.36	-	-
2012/3/6	13.35	10,000	749.06	-	-
2012/4/6	12.73	10,000	785.55	-	-
2012/5/7	12.32	10,000	811.69	-	-
2012/6/6	11.58	10,000	863.56	-	-
合計		120,000	9817.54	120,000	8480.57
單位投資成本		12.22 <		14.15	

定期投資的新選擇：
定期不定額投資

　　共同基金的定期投資除了前面單元所介紹的定期定額投資外，近年來很多投信公司或銀行也相繼推出「定期不定額投資」的申購方式供投資人選擇。

　　定期不定額投資可看未來市場行情來決定每月投資金額。行情好時，該期的投資金額將會減少，行情不好時，該期的投資金額則會增加，以達到「逢高減碼、逢低加碼」的投資原則，使平均投資成本的功能更能徹底發揮。

範例

以摩根投信的定期不定額投資計畫為例，它是由投資人自行設定加減碼啟動條件及扣款金額。在加減碼啟動條件方面，由投資人自行決定「基準日損益」設定值，當最新淨值與定期不定額平均單位成本的偏離程度超過「基準日損益」設定值，就會啟動加減碼機制。

基準日損益

$$= \frac{\text{基金最新淨值} - \text{定期不定額平均單位成本}}{\text{定期不定額平均單位成本}} \times 100\%$$

　　目前定期不定額的設計，多由投信公司或銀行依每月加權股價指數或基金淨值的高低，設計出計算公式，作為投資人調整每月扣款額度的標準，讓投資人可以在股市相對低檔時自動加碼，高檔時則略微減碼，以獲得低檔多買、高檔少買的最高效益，如此將比定期定額投資更能降低投資的單位成本。換句話說，無論市場行情走勢如何，定期不定額投資的平均單位成本都將小於定期定額投資。

假設投資人約定每月8日扣款，基準日為每月1日，基準日損益設定值為±10%，基準扣款金額為10,000元，高、低扣款金額分別為15,000元、5,000元。

當基準日損益達＋10%時 ➡ **減碼**

該月的扣款金額為5,000元

當基準日損益達－10%時 ➡ **加碼**

該月的扣款金額為15,000元

由此可知，基準日損益設定值愈低時，加減碼機制愈容易啟動；基準日損益設定值愈高時，加減碼機制愈不容易啟動。因此當投資人預期未來股市處於盤整期時，應將基準日損益設定值調低，如此才能發揮定期不定額投資的功效。

定期定額投資 vs. 定期不定額投資

如果投資人在同一時間分別加入摩根投信的定期定額投資計畫（每月扣款金額為10,000元）及定期不定額投資計畫（它的設定條件同前文所敘述），剛開始基金淨值為10元，假設未來幾個月基金淨值的變化如下表，則無論在哪一個時間點，定期不定額投資的平均單位成本都會低於定期定額投資的平均單位成本。

基金淨值	定期定額投資			定期不定額投資			
	扣款金額	申購單位數	平均單位成本	扣款金額	申購單位數	平均單位成本	基準日損益（設定值+10%）
10.0	10,000	1000.00	10.00	10,000	1000.00	10.00	-
11.0	10,000	909.09	10.48	5,000	454.55	10.31	10.00%（啟動減碼）
11.5	10,000	869.57	10.80	5,000	434.78	10.59	11.54%（啟動減碼）
11.0	10,000	909.09	10.85	10,000	909.09	10.72	3.87%（基準扣款）
10.0	10,000	1000.00	10.67	10,000	1000.00	10.53	-6.72%（基準扣款）
9.3	10,000	1075.27	10.41	15,000	1612.90	10.16	-11.68%（啟動加碼）
9.0	10,000	1111.11	10.18	15,000	1666.67	9.89	-11.42%（啟動加碼）

共同基金贖回的流程

如果投資人想要贖回共同基金，可向原投信公司或代銷機構申請贖回，要求投信公司買回該基金的受益憑證。基本上，境內基金投資人的贖回價款，大都以贖回申請日的次一營業日的淨值計算；而基金保管機構會在贖回申請日的次一營業日起五個營業日內，以支票或電匯的方式，將贖回價款支付給投資人。

共同基金贖回流程

step 1 填寫申請表

● 到共同基金的銷售據點或它的網站，索取「買回／轉換申請表」，網路贖回者則依指示在線上填寫。

● 贖回時必須填寫想要贖回的基金名稱、贖回單位數、付款方式等資料。

step 2 交付申請表

● 臨櫃贖回者可將「買回／轉換申請表」直接交付給銷售機構。

● 傳真贖回者必須在交易時間內傳真「買回／轉換申請表」給銷售機構，並以電話方式確認對方是否收到。

● 網路申購者可直接透過網路交付「買回／轉換申請表」。

step*3* 取回贖回價款

● 贖回價款將直接匯入開戶時所指定的銀行帳戶，如果沒有指定帳戶，則會以支票支付贖回價款。
● 境內基金的付款日大都在申請日的次5個營業日內，而境外基金大約需要5～7個營業日。

step*4* 贖回交易完成

● 交易完成後，投資人將會收到交易確認書。

各類型共同基金的付款日

投資台灣境內股票型基金	付款日通常為贖回申請日的次3個營業日
投資國外境內股票型基金	付款日通常為贖回申請日的次5個營業日
貨幣市場基金	付款日大都為贖回申請日的次1個營業日
固定收益型基金	付款日大都為贖回申請日的次2個營業日
境外基金	贖回價款的付款日會比較長，大約5～7個營業日

共同基金轉換的流程

投資人申請贖回共同基金時，如果不想將贖回價款取回，也可以選擇將贖回價款用於轉申購或轉換其他基金，但轉換的標的通常限於同一家投信公司的基金。基金轉換的好處在於投資人可隨市場行情變動，適時調整本身的資產配置，且轉申購其他基金的手續費也通常會低於重新申購其他基金的手續費。

當股市行情由多轉空時

投資人即可將手中持有的股票型基金轉換為貨幣市場基金，以規避股市下跌的風險。

等到股市行情由空轉多時

再將貨幣市場基金轉換為股票型基金，以掌握下一次股市上漲的獲利機會。

要注意，進行共同基金轉換時，通常以原基金的贖回價款付款日的淨值，並將原基金的贖回價款扣除轉換手續費之後，計算轉申購基金的單位數。

共同基金轉換流程

step 1 填寫申請表

● 到共同基金銷售據點或它的
網站索取「買回／轉換申請
表」，網路轉換者則依指示在
線上填寫。

● 轉換時必須填寫要轉申購的
共同基金名稱，但只限同一
家投信公司的系列基金。

step 2 交付申請表

● 臨櫃轉換者可將轉換申請表直
接交付給銷售機構。

● 傳真轉換者必須在交易時間內
傳真「買回／轉換申請表」給
銷售機構，並以電話方式確認
對方是否收到。

● 網路轉換者可直接透過網路交
付「買回／轉換申請表」。

step3 取得轉申購共同基金

● 會以原基金贖回價款付款日為轉申購共同基金的淨值計算日，並依原基金贖回價款（扣除轉換手續費後），計算轉申購的共同基金單位數。

各類型共同基金轉換的淨值計算日

投資國內的境內股票型基金 **轉換為** 其他股票型基金或貨幣市場基金

➡ 以轉換申請日次3個營業日的淨值，計算轉申購基金的單位數

投資國外的境內股票型基金 **轉換為** 其他股票型基金或貨幣市場基金

➡ 以轉換申請日次5個營業日的淨值，計算轉申購基金的單位數

貨幣市場基金 **互轉** 或 **轉換為** 股票型基金

➡ 以轉換申請日次1個營業日的淨值，計算轉申購基金的單位數

step4 轉換交易完成

● 交易完成後，投資人將會收到交易確認書。

「基金買回／轉換申請表」的填寫內容

投資的共同基金不管是買回或轉換，通常申請表都用同一張申請表格，以下就買回／轉換申請表的填寫內容加以說明。

「買回／轉換申請表」填寫範例

基金買回／轉換申請表

本公司恕不受理感光紙辦理資料若有塗改請務必蓋章

★申請日期	102 年 7 月 17 日(請務必填寫)	戶 號(可不填)								
★受益人名稱	王大明									

★如何進行傳真交易：
※ 傳真後務必來電確認，未確認者，若相關資料有誤，本公司得取消交易。
1．填妥本申請表
2．傳真至(02) 2706-5090，傳真後務必來電確認，交易確認專線(02) 2706-9777轉專人為您服務。

★基金買回收件截止時間：下午5:00

★身分證字號或統一編號	A	1	2	3	4	5	6	7	8	9
★白天聯絡電話	(02) － 87876242 分機									
傳真號碼	( ) －									

★贖回基金名稱	★單位數(單位) 或 贖回金額(元)	贖回單位數類別
群益 **葛萊美** 基金 若選擇配息類別基金請勾選□A或□B類	9817.54 單位 / 元	□單筆 ☑定期定額 □單筆+定期定額

★贖回款項請以下列方式支付（郵匯費用由保管機構於付買回價金時內扣之）

□ 匯款	注意：1.指定帳號須為**受益人本人**之帳號。2.限原「綜合理財帳戶表」之指定帳號，若以下帳號有誤或空填，將直接匯入原「綜合理財帳戶表」之第一個指定帳號；若無原留指定帳號，則一律以支票支付。
	銀行 分行 帳號
□ 支票	開立禁背支票，以掛號郵遞方式寄到原「綜合理財帳戶表」之通訊地址。
□ 轉申購	注意：1.以原贖回基金之入帳日為轉申購基金淨值計算日。2.基金轉換手續費採內含方式計算，轉換手續費率為申購手續費率之五折，各基金申購手續費率請詳各基金公開說明書。 (粗框部份，由銷售機構填寫)

轉申購基金名稱	申購金額	手續費率	手續費	申購總金額
群益 基金 若選擇配息類別基金請勾選下列A或B類	元	％	元	元

□A類型受益權單位(累積型)，A類型每次申購最少壹萬元正
□B類型受益權單位(配息型)，配息帳戶如下：B類型每次申購最少壹拾萬元正，但再次申購時已持有該類型基金達一萬個單位數或其對應之淨資產價值達新台幣壹拾萬元整時，每次申購最少壹萬元正

*適用首次指定收益分配之帳戶受益人使用，如已指定而欲更者，請填寫「受益人基本資料變更申請表」

如果只要單純贖回共同基金，請勾選此欄位，
可指定帳戶供贖回價款匯入。

★贖回基金名稱	★單位數(單位) 或 贖回金額(元)	贖回單位數類別
群益 __葛萊美__ 基金 若選擇配息類別基金請勾選□A或□B類	9817.54 　單位　　　　　　　元	□單筆 ☑定期定額 □單筆+定期定額

★贖回款項請以下列方式支付（到匯費將由保管機構發付買回價金時內扣之）

□ 匯款	注意:1.指定帳號須為<u>受益人本人</u>之帳號。2.限原「綜合理財帳戶表」之指定帳號，若以下帳號有誤與或改填，將直接匯入原「綜合理財帳戶表」之第一個指定帳號；若無原留指定帳號，則一律以支票支付。
	銀行　　　　　　　分行　帳號 □□□□□□□□□□□□
□ 支票	開立禁背支票，以限時掛號方式寄至原「綜合理財帳戶表」之通訊地址。

注意:1.以原贖回基金之入帳日為轉申購基金淨值計算日。2.基金轉換手續費採內含方式計算，轉換手續費為申購手續費率之五折，各基金申購手續費，請詳閱各基金公開說明書。（相關部分，由銷售機構辦理）

□ 轉申購	轉申購基金名稱	申購金額	手續費率	手續費	申購總金額
	群益　　　　　　基金 若選擇配息類別基金請勾選下方A或B類	元	％	元	元

□A類受益權單位 (累積型)，A類每次申購最少壹萬元正
□B類受益權單位 (配息型)，配息帳戶如下：B類每次申購最少壹拾萬元正，但再次申購時已持有該類型基金達一萬個單位數或其對應之淨值產價值達新台幣壹拾萬元整時，每次申購最少壹萬元正
＊適用首次指定收益分配之帳戶受益人使用，如已指定而欲變更，請填寫「受益人基本資料變更申請表」

收益分配匯款指定帳戶　　　　　　　　銀行　　　　　分行，帳號：

1. 限原指定之匯款帳號；若須變更匯款帳號，需交付印鑑正本或「受益人基本資料變更申請表」正本，逕向原註銷機構辦理群益系列基金買回匯款轉帳。
2. 申購群益系列基金之購買配息型(配息型)請填寫「收益分配匯款指定帳戶」，若未填寫，本公司將統一以該型基金轉帳至受益人綜合理財帳戶表約定之買回匯款帳號辦理。

受益人同意事項

此致 群益證券投信股份有限公司
受益人應瞭解投資本基金之風險，其內容、目標、投資方針、投資風險之相關資料與規定，該基金可能因市場價格波動、衍生性金融商品、流動性、政治、匯回投資、法令、利率及其資的標的之債券等風險，而遭損投入之本金或收益有所減損，故不一定能取回全部之投資金額。本人已審慎評估本身之財務能力與經濟狀況及其投資潛在之風險後，自行作成獨立之基金買賣投資決定，如有任何投資損失，概與證券投信公司無涉。
＊以上應載內容及相關資料均由本人確認無誤。
＊高收益債券基金或得投資於高收益債券之本公司其它基金，其主要部份投資於信用評等未達投資級或未經信評等之高風險債券，此類債券利率敏感的敏感度甚高，亦可能受因利率上升、市場流動性下降，或債券發行機構違約不支付本金、利息或違而蒙受損失。前該基金也可能投資於美國144A債券，該債券屬私募性質，較可能發生流動性不足，財務訊息揭露不完整或沒揭露不透明等波波動性加大之風險，不適合無法承擔相關風險之投資人。投資人投資前該基金不會占其投資組合過高之比重，前該基金適合能承受敏高風險之非保守型投資人。
＊本人已對轉申購的原申購基金之簡式公開說明書或公開說明書並詳閱之，藉由上揭資料的，瞭解並同意支付應負擔之各項可能費用。
＊本人確定知悉本身風險承擔程度及本次轉申購基金類型之風險，並可以承受本次投資可能發生之損失。
＊本申請書所列號之相關文件或附件，均視為本申請書之一部分。

★請簽蓋受益人原留印鑑（同綜合理財帳戶表留存印鑑）

[印章：王大明]

（未成年(20歲以下)或受輔助宣告之受益人請加蓋法定代理人或輔助人印鑑；法人請蓋公司全銜印鑑及代表人印鑑）

覆核：　　　　　　　　核印：

注意事項

1. 本公司以追求基金長期投資利得及維持收益安全為目標，故不歡迎受益人對基金進行頻繁交易，若原有基金(交易基金除外)未滿七個日曆日(含第七日)者(含國際貨幣金錢價款復方式轉換)，應支付買回總金之萬分之一(0.01%)之買回費用，買回費用計算基礎為所有「元」，不足壹元者不予收取，滿壹元以上者四捨五入。
2. 限原綜合理財帳戶表未以約定同意帳務交易者，請以本申請書檢反本申請買回。
3. 受益人原留印鑑不合者，交易無法成立。
4. 若有特定委變更，應先洽詢業金應商公司，方可辦理買回（如辦理贖式基金之受益憑證並應冷附原留印鑑，或加蓋原留印鑑及繳款交付情事、轉贖戶申請書）。
5. 不合格之郵寄件或經由以電話通知；若聯絡不上，即辦次一營業日掛號郵寄至顧訊地址。
6. 除特別指定，同意 貴公司以先進出方式辦理買回單位數。
7. 若選擇息類別基金類型的類義之受益帳單位數少於1000個單位或類型基金不及10000個單位不得辦未買回數。
8. 海外型基金一定地內之投資有在國證券交易市場遇逢放例倒日停止交易時，將暫停單淨價值、申購、贖回及延贖給付買回價金，相關辦細詳閱各公開說明書。
9. 基金公開說明書(簡式公開說明書)向本公司營業處所、投資人可於營業時間內親往參閱、索取或經網公司之網站www.capitalfund.com.tw或各公開資訊觀測站nexenps.tse.com.tw下載。
10. 群益投信所辦理之公募基金以因其核由經核以無實體方式發行，未辦妥證券所保留帳號之受益人，故無法提供投資人要求不透過證券所辦理基金贖回及登錄，證券所之保管手續費帳戶之服務，受益人不得申請贖回價買回之證券。

代理銷售機構代號及蓋章：　　　　　　　　業務員代表：　　　　　　　　2012.08 版

如果要轉換為其他共同基金，請勾選此欄位，
並填寫轉申購共同基金的名稱即可。

投資基金會有哪些費用？

　　如果投資人買賣封閉型基金或指數股票型基金，必須支付證券經紀商1.425‰（上限）的手續費，另外在賣出時還須繳交1‰的證券交易稅。如果買賣開放型基金，則有申購手續費、贖回手續費、管理費及保管費等相關費用；如果進行轉換，則須付轉換手續費。

開放型基金的投資費用

從淨值中扣除的費用

1 管理費

- 約1%～2%，由投信公司或基金管理機構收取，這費用會從淨值中扣除，投資人不須額外支付。
- 操作難度愈高的共同基金，管理費收取的標準愈高。

2 保管費

- 約0.12%～0.32%，由保管機構收取，這費用會從淨值中扣除，投資人不須額外支付。

額外收取的費用

1 申購手續費

- 先收型：申購共同基金時就須繳付手續費，金額以「申購價款」計算，又稱A股基金。
- 後收型：申購共同基金時不須繳付，贖回時才須繳付手續費，金額以「原始申購成本或贖回時市價孰低者」計算，又稱B股基金。後收手續費的費率會看你持有共同基金的期間而定，持有期間愈長，費率愈低，持有一定年限（3年或4年）以上，免收手續費，目的在鼓勵投資人長期持有共同基金。
- 一般而言，網路下單的申購手續費會低於傳統下單方式；申購金額較大者也會有折扣優惠。

2 贖回手續費

- 投資人向投信公司贖回共同基金時，通常不須繳付贖回手續費。但如果向代銷機構贖回，代銷機構有時會收取50～100元的代辦手續費。
- 如果投資人於申購後7日內贖回（短線交易），則須支付0.01%～0.5%不等（由各家投信公司訂定）的贖回手續費，以防止投資人利用共同基金進行短線交易，不利經理人操盤。
- 有些境外基金的贖回手續費會反映在贖回價上，也就是贖回價會低於共同基金最新淨值，兩者價差約0.5%。

3 轉換手續費

- 轉換手續費通常會低於一般申購的手續費。如果將共同基金轉換為股票型基金，轉換手續費約在0.5%上下；轉換為貨幣市場基金，則不用轉換手續費。
- 向代銷機構申請轉換時，必須額外支付每筆500元的轉換行政處理費。

投資共同基金會被課稅嗎？

在境內基金方面，雖然2013年起政府恢復課徵證券交易所得稅，也就是資本利得稅，但課徵範圍沒有包含共同基金商品，因此從共同基金投資所賺得的資本利得，仍享有免稅的待遇。

在共同基金配息收入方面，必須併入綜合所得稅申報，但如果在27萬元的利息所得免稅額度內，也不會被課到稅。此外，如果共同基金不配息，就沒有稅負的問題。

在境外基金方面，因境外基金的註冊地點在國外，所以投資境外基金所賺得的資本利得及配息收入都屬於境外所得。

在最低稅負制尚未實施之前，無論是高所得者或一般投資人，因台灣稅法採屬地主義，境外所得完全免稅。

然而，最低稅負制實施後，境外所得已於2010年起納入最低稅負制計算，如果境外所得超過新台幣100萬元，必須全數計入基本所得額計算；如果境外所得未達100萬元，則免計入基本所得額。換句話說，當投資人的基本所得額未超過600萬元或境外所得未超過100萬元時，境外基金的投資收益將不會有稅負的存在。

在最低稅負制的規定中，基本所得額超過600萬元時，超過部分將被課徵20％的基本稅額喔！

個人的最低稅負制

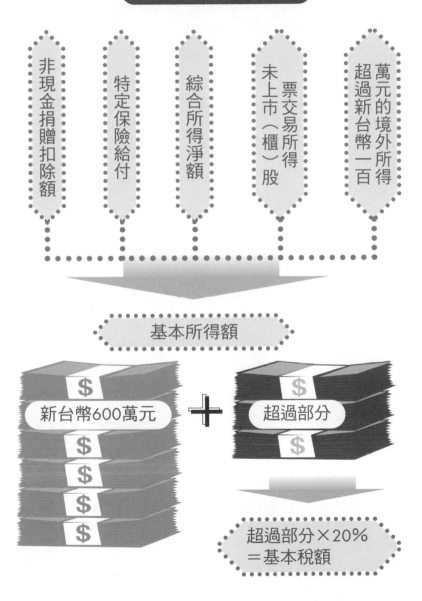

非現金捐贈扣除額

特定保險給付

綜合所得淨額

票交易所得
未上市（櫃）股

萬元的境外所得
超過新台幣一百

基本所得額

新台幣600萬元 ＋ 超過部分

超過部分×20％
＝基本稅額

為什麼投資人要看基金公開說明書？

　　基本上，投資人可向投信公司、基金保管機構或各銷售機構索取基金公開說明書，或是在各投信公司網站、公開資訊觀測站及境外基金資訊觀測站，也都能輕易下載到境內、境外基金最新版的公開說明書。

公開資訊觀測站網址
http://mops.twse.com.tw

境外基金資訊觀測站網址
http://announce.fundclear.com.tw/MOPSFundWeb/

從基金公開說明書得知的主要資訊

- 基金的投資區域及標的範圍
- 投資方針
- 投資策略
- 投資特色
- 各項費用收取標準
- 投資決策過程
- 基金經理人學經歷
- 投資風險來源
- 是否分配收益等相關資訊

根據這些資訊，投資人可初步判斷共同基金的報酬風險屬性，是否符合自己的風險承擔能力以及理財需求，以作為是否投資的參考。

從公開資訊觀測站下載
基金公開說明書的操作步驟

step **1**

進入公開資訊觀測站網站（http://mops.twse.com.tw），在「投資專區」
欄的「基金資訊」中，點選「基金公開說明書」。

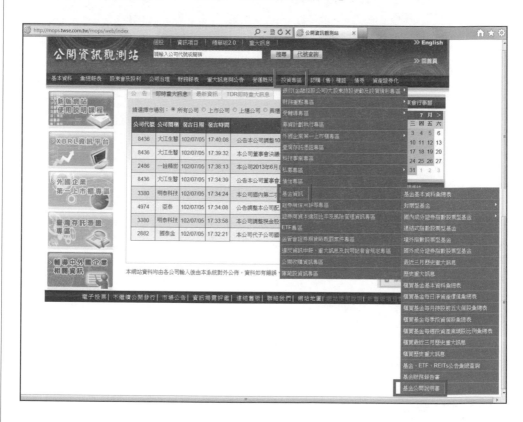

step 2

輸入發行基金的投信公司名稱及公開說明書印製年度之後，
按「搜尋」鍵。

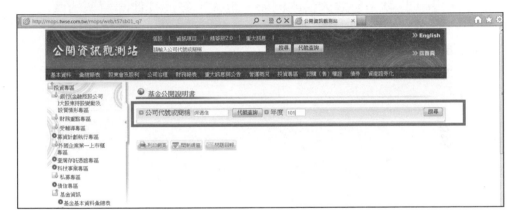

step 3

按下「電子檔案」中所要的資料，就可以下載公開說明書了。

電子書

公司名稱：保德信

財務報告更(補)正：為認公司最近一次更
補正資訊，認公司歷次更補正資訊，請
至「財務報告更(補)正 查詢作業」查詢

證券代號	資料年度	資料類型	結案類型	性質	資料細部說明	備註	電子檔案	檔案大小	上傳日期
A00008	101年1月	基金公開說明書		更新基金公開說明書—每季定期更新	保德信高成長基金		201201_A00008_E03_4.pdf	1,759,279	101/01/20 09:47:52
A00008	101年1月	基金公開說明書		更新基金公開說明書—每季定期更新	保德信金滿意基金		201201_A00008_E04_4.pdf	1,863,003	101/01/20 09:49:03
A00008	101年1月	基金公開說明書		更新基金公開說明書—每季定期更新	保德信亞太基金		201201_A00008_E05_4.pdf	1,147,434	101/01/20 09:52:42
A00008	101年1月	基金公開說明書		更新基金公開說明書—每季定期更新	保德信貨幣市場基金		201201_A00008_E06_4.pdf	1,661,251	101/01/20 09:53:30
A00008	101年1月	基金公開說明書		更新基金公開說明書—因修正公開說明書	保德信科技島基金		201201_A00008_E10_3.pdf	1,868,399	101/01/11 09:43:18
A00008	101年1月	基金公開說明書		更新基金公開說明書—因修正公開說明書	保德信中小型股票基金		201201_A00008_E12_3.pdf	1,529,626	101/01/11 09:45:15

如何比較基金的績效？

　　比較共同基金績效時，必須與該基金的基準指數及同類型基金進行比較才有意義。例如一般投資國內的股票型基金，它的基準指數就是台灣加權股價指數，如果同一段時間，該基金的績效不僅優於大盤指數，也就是擊敗大盤的同時，也大都優於其他同類型的共同基金，這樣的基金表現就值得稱許。因此在評估共同基金績效時，首先要看它的績效是否能常常擊敗大盤，接著再跟同類型基金進行比較。如果一檔共同基金的績效常落後大盤，這樣的基金就不值得投資了。

取得基金績效評比資料
主要管道

- 報章雜誌
- 各大理財網站
- 投信投顧公會

在投信投顧公會網站上，除了提供台大教授版本的基金評比資料之外，也有晨星、理柏等外國基金評鑑單位對境內基金及境外基金的評比資料。

如何從投信投顧公會取得
基金評比資料？

step 1

在投信投顧公會網站的首頁（http://www.sitca.org.tw/）上，選擇
「產業概況分析」中的「境內基金」，再點選「明細資料」。

step 2

進入「明細資料」後，在頁面最下面的地方，可找到「基金績效評比」。
在「基金績效評比」中，有台大教授、理柏、晨星等版本可供選擇。

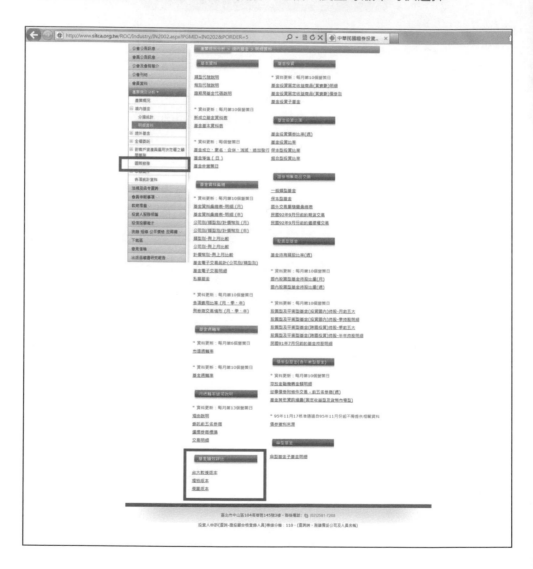

step **3**

點選所要的評比版本，接下來便可下載台大教授、理柏、晨星等版本最新月份的評比資料了。

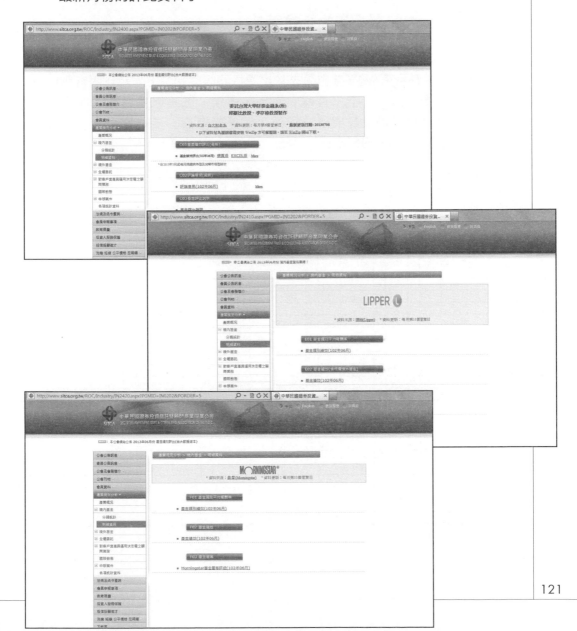

常見的共同基金評比

1 台大教授版本的基金評比

投信投顧公會委託兩位台大教授，針對各類型境內基金進行績效評比，並於每月第6個營業日公布於投信投顧公會網站上。評比內容包括每檔基金過去短、中、長期的報酬率表現、風險衡量指標（如標準差、β係數）以及各項績效指標（如夏普指標、崔納指標、詹森指標、資訊比率）、週轉率等。

一、股票型
1.投資國內

（第一部份）　　報酬率單位:%

基金名稱	三個月 報酬率	三個月 排名	六個月 報酬率	六個月 排名	一年 報酬率	一年 排名	兩年 報酬率	兩年 排名	三年 報酬率	三年 排名	五年 報酬率	五年 排名	自今年以來 報酬率	自今年以來 排名	年化標準差 (24Mo)	&beta (24Mo)	SHARPE (24Mo)	Jensen (24Mo)	Treynor (24Mo)	Information Ratio (24Mo)(大分類)	Information Ratio (24Mo)(細分類)
保德信店頭市場	17.60	1	24.44	9	23.94	41	2.55	37	13.84	92	2.85	86	24.67	2	20.58	0.8074	0.0340	0.5519	0.2501	0.1240	0.170
台新2000高科技	17.36	2	26.65	2	29.80	18	9.68	16	27.27	40	25.09	24	23.14	7	21.22	1.0877	0.0804	0.7768	0.4530	0.1986	0.275
群益店頭市場	17.16	3	26.87	1	35.11	6	10.92	15	26.09	48	47.53	1	25.50	1	20.58	0.8250	0.0893	0.8883	0.6432	0.2692	0.382
新光店頭	16.65	4	24.75	7	24.59	39	-3.53	88	-2.28	142	-26.68	151	24.26	3	20.83	0.8271	-0.0078	0.3117	-0.0565	0.0374	0.042
群益中小型股	16.27	5	25.84	4	34.81	8	11.52	13	28.21	37	15.30	41	23.84	5	21.28	1.1566	0.0921	0.9259	0.4890	0.2805	0.366
保德信科技島	15.41	6	18.20	39	21.88	51	-8.67	141	9.38	104	-6.23	105	18.52	24	21.12	1.0852	-0.0438	0.0160	-0.2464	-0.0382	-0.078
統一台灣動力	14.64	7	20.07	20	21.28	59	-0.41	60	42.88	9	17.87	36	20.83	13	22.84	1.1016	0.0181	0.4626	0.1084	0.0775	0.097
復華中小精選	14.41	8	22.04	12	32.33	10	6.68	23	21.43	66	0.42	91	20.87	12	19.62	1.0579	0.0627	0.6846	0.3356	0.2284	0.382
安泰ING中小	14.24	9	26.15	3	37.61	1	20.36	3	48.58	3	36.02	12	24.16	4	19.44	1.0299	0.1522	1.1751	0.8295	0.4433	0.845
安泰ING台灣運籌	14.18	10	23.69	10	35.10	7	8.60	19	33.24	22	3.65	84	21.43	10	20.39	1.1010	0.0750	0.7847	0.4012	0.2598	0.438
復華復華	13.98	11	19.12	31	24.13	40	0.40	53	35.54	17	26.64	23	18.56	23	21.34	1.0959	0.0209	0.4704	0.1177	0.0947	0.144
復華全方位	13.92	12	23.23	11	27.20	24	6.51	24	26.13	47	13.34	50	21.67	9	18.82	0.8885	0.0616	0.6114	0.3766	0.1609	0.172
安泰ING鴻運	13.88	13	25.11	5	35.51	4	17.19	6	42.26	11	37.83	10	22.98	8	18.58	0.9884	0.1361	1.0379	0.7385	0.4254	0.790
統一中小	13.86	14	20.31	19	22.45	47	-5.99	118	3.84	124	-2.34	98	20.31	15	20.60	1.0855	-0.0267	0.1795	-0.1462	-0.0030	-0.023
元大寶來多多	13.82	15	19.48	27	17.08	88	-17.57	171	-16.39	168	-17.84	136	18.45	25	17.99	0.9525	-0.1428	-0.4451	-0.7788	-0.2615	-0.334
德信台灣主流中小基金	13.65	16	20.00	22	32.86	9	8.03	20					18.98	19	19.28	0.9924	0.0719	0.7093	0.4032	0.2222	0.289
復華高成長	13.38	17	24.50	8	31.95	12	7.09	22	13.86	91	14.00	44	23.35	6	19.49	1.0593	0.0653	0.6973	0.3467	0.2364	0.427
永豐高科技	13.08	18	17.38	46	21.41	57	-4.92	113	-0.40	137	-15.57	133	18.73	21	19.36	0.9831	-0.0235	0.1252	-0.1337	-0.0064	-0.006
復華數位經濟	12.88	19	18.60	36	28.62	20	9.12	18	19.53	75	22.48	28	18.86	20	17.97	0.9033	0.0813	0.6576	0.4669	0.2886	0.511
德信數位時代	12.79	20	18.94	33	27.24	23	3.11	33	15.22	84	31.07	18	18.09	29	18.94	0.9811	0.0365	0.4558	0.2035	0.1496	0.162

資料來源：投信投顧公會，2013/5

基金評比常見的指標

標準差	總風險（可分散風險＋不可分散風險）衡量指標，代表基金報酬率的波動程度，波動程度愈大，總風險愈高。
β 係數 （Beta）	系統風險（不可分散風險）衡量指標，代表當大盤指數報酬率波動1%時，會引起個別基金報酬率的波動幅度。如 β 係數為2，代表當大盤指數上漲（下跌）1%時，該基金淨值將會上漲（下跌）2%。
夏普指標 （Sharpe）	評估基金績效時，不能只看報酬，也要同時考量風險，因為基金的高報酬有可能是因為承擔高風險而來的。夏普指標就是一項可同時考量報酬與風險的績效指標，是衡量基金每承擔1單位「總風險」所能獲得的風險溢酬（風險溢酬＝基金報酬率－無風險利率）；夏普指標愈高代表基金績效愈好。
崔納指標 （Treynor）	崔納指標也是一項可同時考量報酬與風險的績效指標，是衡量基金每承擔1單位「系統風險」所能獲得的風險溢酬；崔納指標愈高代表基金績效愈好。
詹森指標 （Jensen）	衡量基金能為投資人賺得的超額報酬，又稱 α 指標。α 指標大於零時，代表基金有超額報酬，績效表現優於經風險調整後的大盤指數，基金經理人具有良好的選股能力。
資訊比率 （Information Ratio）	基金績效持續性的衡量指標，是將基金與同類型基金月報酬率差異的平均值除以它的標準差，就可算出資訊比率。該指標除了強調基金與同類型基金月報酬率的差異外，更要求其差異的穩定性。資訊比率愈高代表基金績效持續性愈高。

2 晨星的評比

除了一般的績效指標外，外國基金評鑑單位「晨星（Morningstar）」在
提供的評比資料中，也提供「星號評級」，具三年以上收益數據的基金
都會獲得評級，評級的結果是依個別基金相對於同類型基金的表現
（風險調整後）而定。每組同類型基金內得分最高的前10％基金的評級
為5顆星，之後的22.5％為4顆星，接下來的35％為3顆星，再之後的
22.5％為2顆星，最後剩下的10％為1顆星。

2013年3月晨星的星號評級

基金名稱	星等評鑑 Total Return			
	整體 ⬇	3年 ⬇	5年 ⬇	10年 ⬇
群益馬拉松基金	4	4	4	4
日盛精選五虎基金	5	4	5	5
富邦價值基金	4	3	3	4
統一黑馬基金	4	4	4	3
群益中小型股基金	3	3	3	3
凱基開創基金	3	3	2	3

資料來源：投信投顧公會

3 理柏的評比

外國基金評鑑單位「理柏（Lipper）」公司除了提供一般的績效指標之外，也針對基金的總回報、穩定回報及保本能力等面向進行評等，在同一組別中，領先的20％將被評為5級，也就是「Lipper Leader」，之後的20％為4級，中間的20％為3級，再之後的20％為2級，最後的20％則為1級。

2013年3月理柏的基金Leader評級

基金名稱	總回報 Total Return				穩定回報 Consistent Return				保本能力 Preser Vation			
	整體	3年	5年	10年	整體	3年	5年	10年	整體	3年	5年	10年
群益中小型股基金	4	4	4	3	5	4	4	4	2	3	1	1
匯豐中小基金	3	5	3	2	3	5	3	2	2	3	2	1
瀚亞中小型股基金	2	2	2	3	3	2	3	3	1	1	1	1
富邦精銳中小基金	5	5	5	3	4	5	5	1	2	3	2	1
兆豐國際中小基金	1	1	2	1	2	1	3	2	1	1	1	1
摩根中小基金	1	2	2	1	1	2	2	2	1	2	1	1

資料來源：投信投顧公會

外國月亮真的比較圓嗎？

　　截至2013年3月底，國人持有境外基金的金額約為2.79兆元，高於台灣整體境內基金的規模1.93兆元，從這個現象可以看出國人喜好境外基金的程度高於境內基金。然而，境外基金真的比境內基金好嗎？關於這個問題我們可以從以下幾個面向探討：

境外基金 vs. 境內基金

1 投資人對市場的熟悉度

當投資人對共同基金目標市場愈熟悉時，愈能掌握共同基金的買賣時機點，該基金就愈適合投資人投資。由於投資人對國內市場的熟悉度比國外市場高，這對投資國內的境內基金而言無疑是一種優勢。

2 海外投資布局

境外基金提供國內投資人將投資觸角伸及海外的機會，尤其是當國內市場低迷時，投資人還是能透過境外基金參與海外其他市場的獲利機會，達到分散投資風險的目的。你可能會問：「境內基金也有投資海外市場的基金，也能提供海外投資布局的機會，這與境外基金有何不同？」差別在於境外基金的商品種類和目標市場較多元性，投資人有比較多的選擇，再者境外基金以外幣計價，方便投資人建構外幣資產的投資組合。

3 對海外市場的研究能力

由於境外基金管理機構（如富達、摩根等）的發展歷史較為悠久，分支機構遍及全球主要金融市場，因此對海外市場的研究能力明顯優於國內的投信公司，而這也是為什麼國內投信公司在募集海外基金時，常常會聘請一家外國投資顧問的原因，用以彌補它研究能力的不足。當然，聘請外國投資顧問的費用，也會由基金淨值中扣除，進而影響境內基金的績效表現。

4 投資人的匯率風險

由於境外基金大都以外幣計價，投資人必須面對匯率波動的風險，當外幣對新台幣貶值時，投資人將會有匯兌損失。相反的，境內基金則大多以新台幣計價，投資人在申購及贖回之間不會有匯率風險。

境外基金與境內基金的比較

比較項目	境外基金	境內基金
投資人對市場的熟悉度		勝
海外投資布局	勝	
對海外市場的研究能力	勝	
投資人的匯率風險		勝

得獎的基金真的比較好嗎？

　　實務界有許多機構會針對共同基金或基金經理人舉辦評比活動，其中在台灣最具歷史、也最受市場矚目的基金評比獎項，當屬台灣金融發展基金會所舉辦的「金鑽獎」，共同基金得獎往往成為最好的行銷利器。然而，「得獎基金是否就等於績效保證呢？」相信這是所有投資人關心的課題。

基金得獎後的績效表現

以第11屆（2008年）金鑽獎的得獎基金為例，來驗證基金得獎後三年的報酬率是否優於同類型基金平均。

在13檔得獎基金中，有統一奔騰、台新2000高科技、國泰中小成長、群益中小型股、統一大滿貫、保德信高成長、群益店頭市場、保德信店頭市場等八檔基金的三年報酬率優於同類型基金的平均表現，但如果與同類型前1/2的共同基金平均比較，則只有統一奔騰、統一大滿貫、群益店頭市場等三檔基金表現較優。

由此可見，得獎基金不一定是績效的保證。這也說明了投資人購買基金時，還是必須勤做功課，不能太過迷信明星基金經理人或得獎基金過去的績效表現，畢竟過去的績效不代表未來的績效。

基金類別	評比期間	2008年得獎基金	3年報酬率（2009年～2011年）		
			個別	同類型前1/2平均	同類型平均
（一）上市股票型基金 A.科技類股	1年	統一奔騰	62.15%	54.29%	37.3%
	3年	台灣工銀2000高科技（現為台新2000高科技）	38.77%		
	5年	台灣工銀2000高科技（現為台新2000高科技）	38.77%		
	10年	保誠高科技（現為瀚亞高科技）	30.82%		
B.中小型股	1年	永豐中小	25.10%	58.81%	40.56%
	3年	永豐中小	25.10%		
	5年	國泰中小成長	58.75%		
	10年	群益中小型股	44.62%		
C.一般類股（包括價值型、特殊類、中概、指數）	1年	統一大滿貫	106.75%	64.03%	43.64%
		安泰ING台灣高股息	23.10%		
	3年	保德信高成長	44.03%		
		元大多福	29.31%		
	5年	元大多福	29.31%		
	10年	日盛上選	- 24.13%		
（二）上櫃股票型基金	1年	群益店頭市場	66.56%	49.15%	33.53%
	3年	保德信店頭市場	37%		
	5年	保德信店頭市場	37%		

檢視共同基金的持股內容

為提高共同基金操作的透明度,「投信投顧公會」會定期在它的
網站(http://www.sitca.org.tw)上揭露每檔基金的持股明細。如
為投資國內股票型及平衡型基金,將每月揭露該基金持股前五大個
股名稱及投資比重,每季揭露該基金投資個股內容及投資比重;如
為投資國外股票型及平衡型基金,則每季揭露該基金持股前五大個
股名稱及投資比重,每半年揭露該基金投資個股內容及投資比重。

如何取得基金持股內容明細?

step 1

進入投信投顧公會網站,
點選「產業近況分析」。

step 2

在「產業近況分析」欄下的「境內基金」
中,點選「明細資料」。

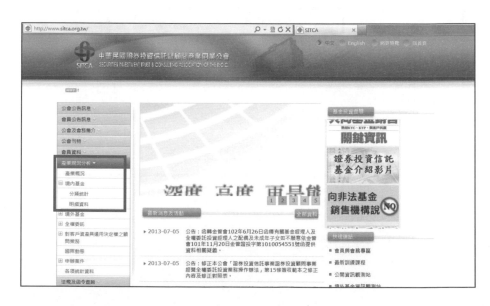

step *3*

在接下來出現的頁面中，點選你想要找的持股類別選項。

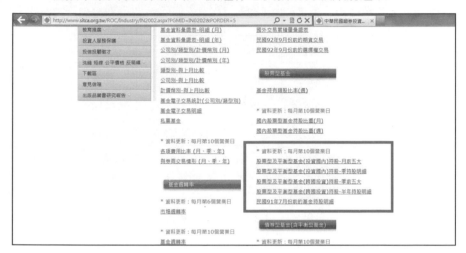

step *4*

點選查詢所要選擇的基金，你就會看到基金的持股明細了。

2013年3月復華高成長基金季持股明細

股票種類	產業類別	股票名稱	持股比率	產業類別	股票名稱	持股比率
上市	紡織纖維	儒鴻	4.42%	電腦及週邊設備業	群光	2.69%
	金融保險	中壽	1.99%	光電業	友達	1.86%
		富邦金	1.03%		晶睿	1.44%
		國泰金	2.06%		F-TPK	7.38%
		玉山金	3.43%	通信網路業	美律	4.60%
	其他	F-中租	4.94%		智易科技	1.09%
		潤泰新	3.15%		中磊	0.92%
	半導體業	日月光	1.33%	電子零組件業	川湖	2.89%
		台積電	2.70%		志超	1.08%
		義隆	5.73%	生技醫療業	台灣神隆	2.94%
		景碩	1.68%	汽車工業	裕隆	0.95%
		F-晨星	4.05%		裕日車	2.79%
		同欣電	0.84%	電機機械	F-亞德	1.91%
小計：國內上市持股				69.88%		
上櫃	建材營造	龍巖	1.23%	半導體業	穩懋	2.91%
	化學工業	岱稜	3.06%		漢微科	2.55%
	生技醫療業	F-金可	1.67%		台半	0.29%
	光電業	新鉅科	1.47%	其他電子業	雙鴻	2.07%
小計：國內上櫃持股				15.25%		
台灣總持股				85.13%		

資料來源：投信投顧公會

2013年3月
復華高成長基金月前五大持股

共同基金名稱	持股名次	股票名稱	基金淨資產價值比例%
	1	F-TPK	7.38
	2	義隆	5.73
復華高成長基金	3	F-中租	4.94
	4	美律	4.60
	5	儒鴻	4.42
合計			27.07

資料來源：投信投顧公會

透過共同基金持股內容，就可以檢視基金資產配置是否符合其投資目標或持有主流個股。如果你是小額投資人，還可以觀察共同基金是否持有你想要持有但又沒有能力或不敢買進的潛力個股（如高價股），如果有，你可利用該基金間接參與這些個股的飆升行情。

檢視共同基金的週轉率

　　週轉率,是用來衡量一檔共同基金在一段期間內,持股內容更新的次數。如果週轉率為100%,代表基金持股已全部換手過一次了。換句話說,週轉率愈高的共同基金,它的短線進出股票的頻率就愈高,如果從操作積極度來看,表示它的積極度高;但如果從交易成本來看,高週轉率所必須支付的交易成本也會比較高,由於交易成

基金週轉率及交易直接成本比率

類別代號	基金名稱	本月週轉率				本月市場週轉率 7.18%	本季週轉率		本年累積週轉率			
		買進	賣出	比較值	排名(註)		買進	賣出	買進	排名(註)	賣出	排名(註)
AA2	兆豐國際生命科學基金	34.68%	35.62%	34.68%	8	*	108.73%	104.92%	108.73%	7	104.92%	7
AA2	兆豐國際全球基金	35.75%	33.66%	33.66%	9	*	104.02%	97.74%	104.02%	10	97.74%	11
AA1	兆豐國際中小基金	31.16%	27.01%	27.01%	24	*	94.35%	89.8%	94.35%	16	89.8%	13
AA2	兆豐國際全球高股息基金	26.98%	28.01%	26.98%	25	*	76.73%	76.92%	76.73%	42	76.92%	25
AA2	兆豐國際綠鑽基金	32.14%	26.78%	26.78%	26	*	86.66%	82.5%	86.66%	27	82.5%	21
AA1	兆豐國際第一基金	24.02%	24.33%	24.02%	38	*	80.22%	76.46%	80.22%	33	76.46%	28
AA2	兆豐國際民生動力基金	27.75%	23.26%	23.26%	43	*	77.78%	79.39%	77.78%	38	79.39%	22
AB1	兆豐國際萬全基金	12.93%	14.6%	12.93%	117	*	53.86%	50.59%	53.86%	97	50.59%	86
AA1	兆豐國際國民基金	14.72%	12.54%	12.54%	122	*	56.06%	44.08%	56.06%	87	44.08%	110
AA2	兆豐國際巨龍領航基金	19.57%	11.56%	11.56%	136	*	20.63%	20.08%	20.63%	262	20.08%	230
AA1	兆豐國際電子基金	12.15%	8.38%	8.38%	198	*	46.45%	38.73%	46.45%	121	38.73%	129
AA1	兆豐國際豐台灣基金	7.15%	5.46%	5.46%	255	-	27.28%	22.64%	27.28%	215	22.64%	214
AA1	兆豐國際精選二十基金	6.68%	3.7%	3.7%	285	-	28.23%	21.12%	28.23%	211	21.12%	222

本會從基金淨值中扣除，長期下來對投資人而言是不利的。因此，投資人必須檢視共同基金的週轉率，以免過高的交易成本，侵蝕共同基金的獲利。

在投信投顧公會網站上，投資人可輕易查詢到每一檔基金的週轉率及交易直接成本（含手續費及證券交易稅）的比率，以作為挑選基金的參考。

類型代號	基金統編	基金名稱	交易直接成本（ A = a1 + a2 ）			
			手續費（ a1 ）		交易稅（ a2 ）	
			金額	比率	金額	比率
AA1	00965469	兆豐國際第一基金	315,682	0.05%	446,570	0.07%
AA1	01050148	兆豐國際國民基金	150,612	0.03%	239,632	0.05%
AA2	00992769	兆豐國際全球基金	1,804,787	0.12%	1,028,550	0.07%
AB1	00971976	兆豐國際萬全基金	72,440	0.02%	125,215	0.04%
AA1	92003790	兆豐國際精選二十基金	53,928	0.01%	73,668	0.02%
AA1	81584996	兆豐國際中小基金	364,417	0.06%	523,074	0.09%
AA1	73991751	兆豐國際電子基金	166,144	0.03%	259,249	0.04%
AD1	18044796	兆豐國際寶鑽貨幣市場基金	0	0.00%	0	0.00%
AA2	14699772	兆豐國際生命科學基金	521,767	0.16%	2,687	0.00%
AA1	10341837	兆豐國際豐台灣基金	81,352	0.01%	128,590	0.02%
AA2	25600852	兆豐國際巨龍領航基金	76,032	0.05%	50,624	0.03%

● 由此可看出週轉率愈高的基金，它的交易直接成本的比率愈高，反之則愈低。

資料來源：投信投顧公會，2013年3月

如何檢視代銷機構推薦的共同基金？

　　很多人應該都有過被銀行理財專員推銷共同基金的經驗。其實，銀行、證券商等共同基金代銷機構，在銷售共同基金的過程中，通常會向投信公司或共同基金管理機構收取酬佣，為了防止代銷機構為了賺取較高的酬佣而向客戶不當推銷某特定共同基金，金管會於2010年11月規定：代銷機構必須揭露它在基金銷售過程中可收取到

基金通路報酬揭露範例

基金通路報酬揭露>基金公司>基金選單>基金通路報酬揭露資訊>
本銀行銷售富蘭克林證券投資顧問 代理之「富蘭克林全球基金」所收取之通路報酬如下：

一、投資人支付	
項　　目	說　　明
申購手續費分成(%) (依　台端申購金額)	1.台端支付的基金申購手續費為3.000%，其中本銀行收取不多於2.700%。 2.台端支付的基金轉換手續費為0.0000%，其中本銀行收取不多於0.0000%。
二、基金公司（或總代理人/境外基金機構）支付	
項　　目	說　　明
經理費分成(%) (依　台端持有金額)	本基金經理費收入為年率1.0000%，台端持有本基金期間，本銀行收取不多於年率1.0000 %。
銷售獎勵金(%) (依銷售金額/定期定額開戶數)	1.本銀行101年第三季精選基金活動期間，富蘭克林證券投資顧問依本銀行銷售金額付獎勵金不多於0.1500%。2.本銀行101年第三季精選基金活動期間，富蘭克林證券投顧問依本銀行定期定額之銷售金額，新開戶一筆且達基金公司約定之成功扣款次數，付獎勵金不多於新台幣150元。
贊助或提供產品說明會及員工教育訓練	未達5百萬元揭露門檻。
三、其他報酬：「未收取」。	

的酬佣，讓投資人有更透明的資訊可供參考，減少利益衝突及交易糾紛的情況發生。因此，當下次有理財專員向你推銷共同基金時，還是必須先就共同基金本身進行分析，同時了解銀行向投信公司或基金管理機構收取酬佣的標準，千萬不要因人情壓力而盲目投資。

資料來源：聯邦銀行

計算說明：「富蘭克林全球基金」之申購手續費3.000%及經理費1.0000%，本銀行銷售之申購手續費分成不多於2.700%、經理費分成不多於1.0000%及富蘭克林證券投資顧問提供之銷售獎勵金不多於0.1500%，故 台端每投資1000元於「富蘭克林全球基金」，本銀行每年收取之通路報酬如下：

1. 由 台端所支付之30元申購手續費中收取不多於27元 (1000*2.700%=27元)
2. 富蘭克林證券投資顧問支付：

    (1)台端持有本基金期間之經理費分成：不多於 10 元 (1,000*1.0000%= 10 元)
    (2)銷售獎勵金：不多於 2 元 (1000*0.1500%= 1.5 元)

本銀行辦理基金銷售業務，係自各證券投資信託事業、總代理人及境外基金機構收取通路報酬（各項報酬、費用及其他利益），以支應客戶服務及行銷成本，並賺取銷售佣金。惟因各基金性質不同且各基金公司之行銷策略不同，致本銀行銷售不同基金時，自各基金公司收取通路報酬之項目及金額因而有所不同。本銀行及業務人員所銷售之基金，容或與 台端個人投資組合之利益不相一致，請 台端依個人投資目標及基金風險屬性，慎選投資標的。

未來若相關通路報酬變動將於本行網頁上公告，將不另行通知 台端。

從產業發展趨勢挑選基金

　　在共同基金市場中有很多產業基金可以選擇，例如，高科技基金、不動產基金、金融基金、生技基金、黃金基金、能源基金、天然資源基金、替代能源基金、水資源基金等。雖然每種基金的報酬與風險屬性不同，但績效表現都與個別的產業發展趨勢有關。當產業發展趨勢向上時，該產業基金的長期績效應會有不錯的表現；相反的，如果產業發展趨勢向下時，該產業基金就不值得投資。因此，投資人在選擇產業基金時，必須先分析該產業的發展前景。

　　當然，每種產業都有它不同的景氣循環，產業基金的淨值也會隨著景氣好壞而波動。如果投資人能挑選到發展趨勢向上的產業，即便該產業面臨短期向下修正的壓力，投資人也不須急著將共同基金贖回，耐心等待景氣回升，長期下來將會有不錯的獲利。

以生技產業為例，在人口逐漸老化以及現代人更加講求健康的情況下，人們對生技產品的需求將源源不絕，加上很多國家極力扶植此附加價值高的產業，都有利於生技產業的長期發展，投資人便可將生技基金列入長期投資的標的。

生技基金績效圖

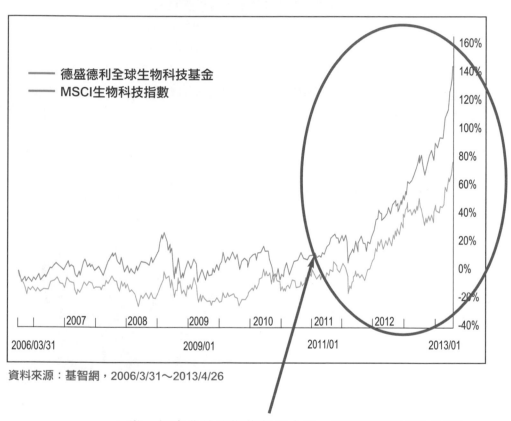

德盛德利全球生物科技基金
MSCI生物科技指數

資料來源：基智網，2006/3/31～2013/4/26

● 當一個產業的長期趨勢向上時，即便短期回檔也不用
擔心，因為就長期而言還是會回升的。所以投資人不
要因為短期淨值重挫就贖回當初認為趨勢向上的產業
基金，這樣很容易錯失未來長期的獲利機會。

依年齡挑選合適的基金

　　投資人隨著年紀的增長，理財需求以及風險承受能力，也會有所不同。因此，投資人在不同的人生階段應挑選合適的共同基金，例如，年輕時，可以選擇積極成長型的基金，如高科技基金、中小型基金等；中壯年，則可以選擇風險相對較低的價值型基金、高股息基金、指數型基金或平衡型基金等；老年時，則比較適合有固定配息的債券型基金等。當然，你也可以直接申購在本書第3篇中曾經介紹過的「生命週期基金」，只要挑選目標年限接近自己退休年限的生命週期基金，你的資產配置將會隨著年齡的增長而自動調整，省卻自己挑選基金的麻煩。

各年紀的理財需求和風險承受能力

1 年輕時

有工作賺錢的能力，敢衝敢拚，風險承受能力較高，比較適合從事高風險、高報酬的投資。

2 中壯年

雖然收入較年輕時優渥，但由於距離退休年紀愈來愈近，儲備養老金的壓力將愈來愈大，風險承受能力大幅降低，在投資上就應該比較穩健。

3　老年或從職場退休後

由於沒有薪資收入，只能靠之前儲備的養老金或退休金，來支應生活所需的花費，根本無法承受任何投資損失的風險，因此在投資上，將只適合能產生固定收益的金融工具。

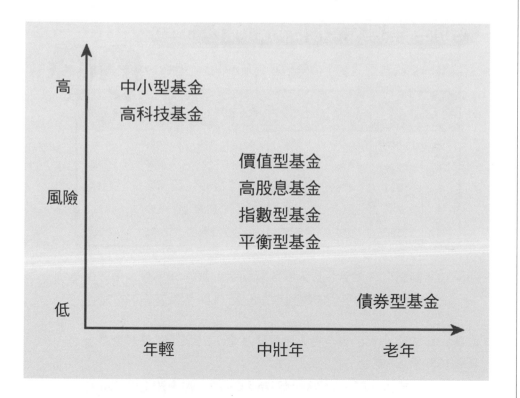

從資產配置來挑選基金

　　每個人都知道「不要將雞蛋放在同一個籃子裡」的道理，因此如何將雞蛋分配到不同的籃子裡，則是投資人最想知道的答案。進行資產配置時必須考量風險分散和自己的理財需求與目的。

　　在風險分散方面，必須將資金投入在不同的資產，而且這些資產的同質性或價格連動性不能太高，這樣才有風險分散的效果。以共同基金為例，投資人可同時持有「不同類別」、「不同投資區域」或「不同計價幣別」的共同基金。例如，股市與債市常常會出現行情相反的走勢，如果同時持有股票型基金及債券型基金，在同一期間將能產生損益互抵的風險分散效果。除傳統類別外，投資人也可將不

如何降低風險又能提高報酬？

假設有一檔股票型基金、債券型基金及A基金，過去10年的報酬率如下：

年度	股票型基金	債券型基金	A基金	年度	股票型基金	債券型基金	A基金
1	- 22%	10%	5%	6	5%	7%	8%
2	28%	4%	13%	7	- 37%	4%	2%
3	10%	4%	6%	8	26%	4%	15%
4	5%	2%	2%	9	15%	6%	8%
5	15%	3%	10%	10	2%	8%	3%

● 如果10年前將50%的資金投入股票型基金，其餘50%投入債券型基金
　　今投資人的平均年報酬率為4.95%，標準差為9.76%

● 如果10年前將45%的資金投入股票型基金、45%投入債券型基金，
　其餘10%投入A基金
　　今投資人的平均年報酬率為5.67%，標準差為9.13%

動產基金（如不動產投資信託基金）、黃金基金等，與股、債市連動性較低的基金商品納入投資組合之中，如此不僅能分散風險，有時還有提高整體投資組合報酬率的效果。

在理財需求與目的方面，如前述的觀念，投資人可依不同的人生階段配置不同屬性的基金商品，此外也可以根據特定目的進行資產配置，例如，有些家長可能會想要籌備子女出國留學的費用，但又覺得存款利率太低，此時便可將資金配置在以留學所在地貨幣為計價單位且風險性低的基金（如債券型或債券組合型基金）。由於目前投資人可直接以外幣申購及贖回境外基金，且未來子女出國留學也會使用該外幣，如此就不用擔心投資期間的匯率風險了。

● 如果10年前將40%的資金投入股票型基金、40%投入債券型基金，其餘20%投入A基金

今投資人的平均年報酬率為5.78%，標準差為8.51%

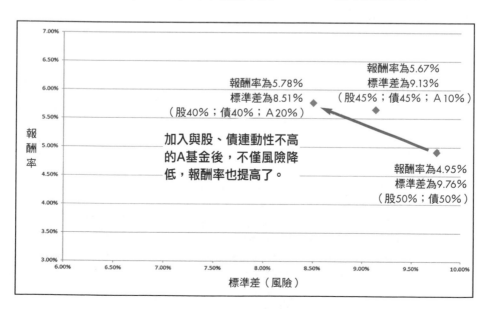

美國不動產投資信託基金 與其他投資市場的相關係數

● 過去30年來，REITs與股市連動性不高，但近10年 有增加的趨勢。REITs與債市仍維持低連動性。

相關係數	2002年7月～2012年7月				
	美國 REITs	那斯達 克指數	S&P 500 指數	道瓊 工業 指數	ML公司債 及公債 指數
美國REITs	1	0.68	0.74	0.68	0.00
那斯達克 指數	0.46	1	0.94	0.89	− 0.21
S&P500 指數	0.57	0.84	1	0.97	− 0.13
道瓊工業 指數	0.53	0.75	0.95	1	− 0.08
ML公司債 及公債指數	0.16	0.06	0.18	0.14	1

（左側縱向標示：1982年7月～2012年7月）

註：美國不動產投資信託基金是以FTSE NAREIT Equity REITs 指數為代表。相關係數介於-1至+1之間，相關係數大於0表示兩 者報酬率的變動方向一致，數值愈大，連動性愈高；相反的， 如果相關係數小於0則表示兩者報酬率的變動方向是相反的。
資料來源：National Association of Real Estate Investment Trusts，NAREIT

● 相關係數小於0， 表示近10年股、 債行情相反。

投資指數化基金商品

　　根據操作積極度及投資目標，投資管理策略可分為主動式管理及被動式管理兩種。一般股票型基金大部分都是採取主動式管理策略，而被動式管理策略的基金，則以指數型基金及指數股票型基金等指數化基金商品為代表。

主動式管理 vs. 被動式管理

1 從投資標的來看

為了達到擊敗大盤的目標，往往會花費大量的時間與人力，企圖選出價格被低估或高估的投資標的，積極調整基金投資組合，以隨時因應市場的變化。如果挑對投資標的，當然能使共同基金的績效表現優於大盤；但如果挑錯投資標的，也可能造成大盤漲、基金淨值卻下滑的窘境。

反觀被動式管理策略的共同基金，並不以擊敗大盤為目標，而是希望能追蹤大盤指數的表現，在挑選投資標的方面，不須花費太多的時間與人力，只要能模擬出與大盤指數相似的基金投資組合即可；等到大盤指數調整成分股時，基金經理人才會調整基金投資組合。

2 從資訊透明度來看

主動式管理策略的基金,它的績效表現完全看基金經理人的操盤能力而定,且投資人較難掌握共同基金操作的動態,資訊透明度較低;被動式管理策略的基金,則會緊貼大盤指數的績效表現,與基金經理人的操盤能力比較沒有關係,且投資人比較容易掌握共同基金操作的動態,資訊透明度較高。此外,由於被動式管理策略的基金省卻了不少的管理成本,因此,向投資人所收取的管理費,也遠低於主動式管理策略的基金。

3 從績效表現來看

投資人願意支付較高的管理費,而選擇主動式管理策略的基金,就是希望透過基金經理人的專業操盤能力,獲取優於大盤指數的績效表現。但在實際操作上,主動式管理策略的績效表現卻不一定優於被動式管理策略。

以當前資產規模最大,並以S&P500指數為追蹤標的的先鋒500指數基金（Vanguard500 Index Fund）為例,其中、長期的績效表現就優於採主動式管理策略的基金。再以國內的台灣50ETF及寶來台灣加權股價指數基金為例,它們中、長期的績效表現,也優於投資國內的股票型基金的整體平均表現,且在基金排名上也有不錯的表現。

由於主動式管理策略的基金績效表現,無法如預期地擊敗大盤,因此,近年來採被動式管理策略的指數化基金商品,逐漸受到投資人的青睞,它的資產規模的成長相當迅速。

先鋒500指數基金與大型股票型基金的績效表現

	平均年報酬率（稅前）		
	1年	5年	10年
先鋒500 指數基金	15.82%	1.57%	6.99%
大型股票型基金（平均）	14.94%	0.50%	5.64%

資料來源：先鋒集團（The Vanguard Group），截至2012年12月底止

國內指數化基金與投資國內股票型基金的績效表現

	報酬率（排名）			
	1年	2年	3年	5年
元大寶來台灣卓越50 （台灣50 ETF）	3.38% （88）	-1.19% （51）	13.80% （38）	9.16% （42）
元大寶來 台灣加權股價指數基金	4.17% （71）	0.37% （47）	13.32% （40）	6.57% （52）
投資國內股票型基金 （整體平均）	3.57%	-5.25%	1.05%	-225%
台灣50指數（報酬指數）	3.65%	-0.61%	14.77%	10.58%
台灣加權股價指數 （報酬指數）	3.55%	-1.55%	11.87%	12.07%

註：1. 報酬指數是還原現金股利所編製的股價指數，使得利用該指數所計算的投資報酬
　　　率中，也包含現金股利報酬。
　　2. 1年、2年、3年、5年報酬率評比基金數分別有186檔、177檔、171檔、161檔。
資料來源：投信投顧公會，截至2013年3月底止

掌握金融市場脈動

　　雖然基金投資是將自己的錢交由專家來管理，但投資人也要時時關心相關金融市場的脈動，才能掌握好進出基金的時機。以股票型基金為例，由於基金持股比率是有限制的，即便是空頭市場，也不能將持股通通賣光，仍須維持一定的持股比例（例如七成）。因此當股市即將由多頭轉為空頭時，即使是績效最好的基金，單筆申購的投資人也應將手中持有的基金全部贖回，轉向其他類別的基金或投資工具，因為當空頭市場來臨時，每檔基金的淨值都會下滑，只是受影響的程度不同而已。相反的，如果股市即將由空頭轉為多頭時，則應趁低檔買進「好」基金。

金融市場和共同基金有什麼關係？

1 在全球股市連動性愈來愈高的情況下，國際股市的波動往往也會牽動國內股市的表現，就算是買賣台股基金，也必須對國際主要股市，例如歐、美、日、韓、中國等主要國際股市，投以關愛的眼神。

名稱及代號	時間	指數	漲跌
(^N225)	02:28PM	14506.25	▲33
生 (^HSI)	04:01PM	21277.28	▼160.21
綜合(000001.SS)	03:01PM	2039.49	▼33
上海 A 股(000002.SS)	03:01PM	2134.48	▼
上海 B 股(000003.SS)	03:01PM	242.96	
深圳 A 股(^SZSA)	03:00PM	981.17	
深圳 B 股(^SZSB)	03:00PM	774.28	
南韓綜合(^KS11)	02:00PM	1869.98	
星股海峽(^STI)	04:07PM	3232.85	
馬來西亞(^KLSE)	04:12PM	1783.50	
澳洲(^AORD)	02:44PM	4957.50	▲
度(^BSESN)	04:17PM	19847.90	▲1

名稱及代號	時間	指數	漲跌
D)	04:34AM	15460.92	▲
	05:15AM	3578.30	

	04:07PM	323	
^D)	04:12PM	1783.50	
BSESN)	02:44PM	4957.50	▲10
	04:17PM	19847.90	▲171.84

名稱及代號	時間	指數	漲跌	漲
道瓊工業(^DJI)	04:34AM	15460.92	▲169.26	+1.1
那斯達克(^IXIC)	05:15AM	3578.30	▲57.55	+1.63
史坦普指數(^SPX)	04:34AM	1675.02	▲22.40	+1.36
費城半導體指數(^SOX)	05:15AM	486.56	▲9.86	+2.07%
羅素 2000(^RUT)	07:04AM	1033.18	▲12.75	+1.25
加拿大綜合(^GSPTSE)	04:20AM	12134.91	▼31.75	-0.26

名稱及代號	時間	指數	漲跌	漲
CAC(^FCHI)	04:26PM	3881.29	▲12.31	
X(^GDAXI)	04:11PM	8216.60	▲57.80	
TSE(^FTSE)	04:11PM	6562.49	▲1	

2 分析市場脈動時，投資人也必須留意全球資金板塊的移動，因為在「資金無國界」的趨勢下，全球資金會去追逐有較高獲利機會的資產。例如，在金融市場承平時期，經濟成長較具潛力的新興市場，往往能夠吸引大批外資進駐；相反的，當金融市場開始動盪不安時，外資也會迅速撤離新興市場，回流歐美，以應付客戶的贖回壓力，或轉入黃金、美國公債等安全性資產，作為資金的避風港。

這時投資人應將新興市場基金贖回，轉投入黃金基金或美元債券基金；等到金融市場恢復穩定後，外資會再流入新興市場，這時則是新興市場基金的切入良機。

3 全球資金的動向也與各國的利率及匯率變化息息相關，利率相對較高或貨幣相對強勢的市場，自然會吸引資金的進駐。例如2007年美國爆發次級房貸風暴，加上市場對美國聯準會將採取降息救市的預期下，美元匯率在往後一年半期間內表現極為弱勢，同一時間新興市場貨幣則強勁升值，造就新興市場股市一波多頭行情。

但隨著金融海嘯愈演愈烈，美元頓時成為搶手貨幣，新興市場貨幣則出現重貶走勢，大批外資從新興市場撤出，使得新興市場股市瞬間崩盤。金融海嘯告一段落之後，由於美國聯準會已將利率調降至0%～0.25%的水準，且多次實施量化寬鬆貨幣政策（QE），市場游資再度流入新興市場，使新興市場展開一波回升行情。

因此，投資人必須關注全球主要國家利率及匯率的相對變化，尤其是美元利率及匯率的走勢，才能準確掌握全球金融市場脈動。

新興市場基金的績效表現

美國次級房貸風暴爆發，美元大幅貶值，新興市場基金大漲。

美國次級房貸風暴升級為金融海嘯，美元回升，新興市場基金大跌。

美國聯準會實施扭轉操作，降低長期利率，美元回貶，新興市場基金上漲。

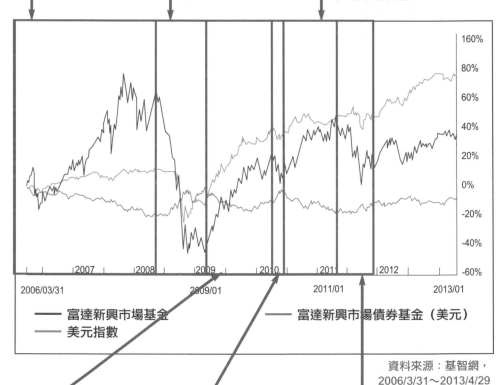

資料來源：基智網，
2006/3/31～2013/4/29

美國聯準會實施第二回合量化寬鬆貨幣政策（QE2），美元回貶，新興市場基金回升。

希臘債信被降至垃圾等級，引爆歐債危機，美元升值，新興市場基金下跌。

歐債危機愈演愈烈，美元升值，新興市場基金再度重挫。

掌握景氣的變化

　　金融市場是經濟的櫥窗，景氣變化都會「事先」反映在金融市場的表現上。例如，股市高點通常不會出現在景氣高峰的時候，而股市低點也不一定會出現在景氣最差的時候。因此，投資人應掌握景氣循環的變化，在景氣尚未到達高峰時賣出股票型基金，在景氣尚未落底回升之前買進股票型基金。

　　此外，隨著全球化的趨勢，各國景氣的連動性愈來愈高，一個國家或地區有問題，馬上就會影響到其他國家或地區。例如，近年來的金融海嘯及歐債危機就是很好的例證，歐、美經濟一打噴嚏，出口導向的新興國家就跟著遭殃。因此，除了國內景氣外，投資人也必須隨時關注國際政經情勢的變化，尤其是與台灣經貿關係較為密切的國家，例如歐、美、日、韓、中國大陸等。

如何得知景氣即將達到高峰或跌落谷底？

　　最簡單的方法就是觀察每月經建會公布的景氣領先指標（可領先反映景氣狀況的指標，例如外銷訂單、股價指數等）及同時指標（反映當前景氣狀況的指標，例如工業生產指數、企業總用電量）的變化。如果領先指標連續3～5個月翻揚，便可初步判斷景氣有止跌的現象，至於是否真的止跌則可以利用同時指標來加以佐證。

經建會網址
http://www.cepd.gov.tw/

景氣指標查詢系統
http://index.cepd.gov.tw/index.aspx?lang=1

台灣景氣循環與股價指數關係表

循環次序	谷底	高峰	谷底	持續期間（月數）			股市高點	股市低點
				擴張期	收縮期	全循環		
1	1954/11	1955/11	1956/09	12	10	22	－	－
2	1956/09	1964/09	1966/01	96	16	112	－	－
3	1966/01	1968/08	1969/10	31	14	45	1968/08	1969/10
4	1969/10	1974/02	1975/02	52	12	64	1973/11	1975/02
5	1975/02	1980/01	1983/02	59	37	96	1978/09	1982/08
6	1983/02	1984/05	1985/08	15	15	30	1984/04	1985/07
7	1985/08	1989/05	1990/08	45	15	60	1990/02	1990/10
8	1990/08	1995/02	1996/03	54	13	67	1994/10	1995/11
9	1996/03	1997/12	1998/12	21	12	33	1997/08	1999/02
10	1998/12	2000/09	2001/09	21	12	33	2000/02	2001/10
11	2001/09	2004/03	2005/02	30	11	41	2004/03	2004/08
12	2005/02	2008/03	2009/02	37	11	48	2007/10	2008/11

股市高低點大部分會領先於景氣高峰及谷底，但領先的時間長短不一。

從生活周遭看景氣的變化

> ● 路上貨櫃車、工程用車變多
> ● 餐廳、飯店、計程車生意變好
> ● 女性朋友愛穿短裙追求時尚

 景氣好轉

> ● 紅酒指數下跌
> ● 口紅大賣
> ● 電影院的生意變好

 景氣轉差

● 人們在景氣不好時，通常會藉由看電影來排解苦悶。例如受金融海嘯影響，2009年美國加拿大地區電影票房收入逆勢成長近6%。

● 景氣不好時，女性朋友沒有多餘的錢買昂貴的化妝品，就只好選擇較便宜的口紅來打扮自己。

掌握央行的升降息循環

　　當利率屬於高檔時，企業的融資成本較高，對於企業的獲利將產生負面影響；另方面，高利率也會降低投資人投資股票的意願，而將資金存入銀行，進而減少股市的資金動能。因此，高利率的環境並不利於股市的發展。相反的，當利率處於低檔時，除企業融資成本較低可提升獲利外，投資人也會將部分存在銀行的資金投入股市，這時股市將會因資金動能較為充足而有較好的行情。

　　根據上述觀點，是否表示中央銀行升息（以重貼現率為代表）時，贖回股票型基金？或是中央銀行降息時，投資人應該買進股票型基金？這必須看中央銀行升降息的目的及時點而定。

	景氣處於擴張期	景氣處於衰退期
意義	在景氣循環的過程中，當景氣處於擴張期時，中央銀行通常會以連續升息（即升息循環）的手段來防止景氣出現過熱的現象。	當景氣處於衰退期時，中央銀行則會以連續降息（即降息循環）的手段來刺激景氣復甦。
操作手法	在升息循環初期，投資人如果看到中央銀行升息，不應贖回基金，反而要趁股價短線修正時尋找買點，因為升息背後往往代表著景氣持續擴張。	等到升息循環進入尾聲而開始降息時，投資人才應該贖回基金，這時千萬不要因降息造成股市短線上漲而進場買基金，因為降息背後往往已代表景氣開始走下坡。
	等到降息循環結束、中央銀行啟動下一波升息循環時，才又是好的進場時點。	

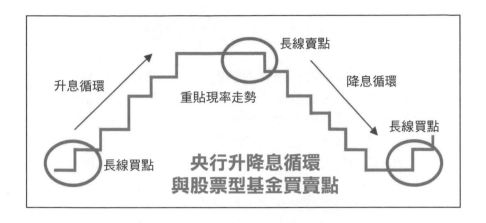

央行升降息循環
與股票型基金買賣點

台灣股市與重貼現率的關係

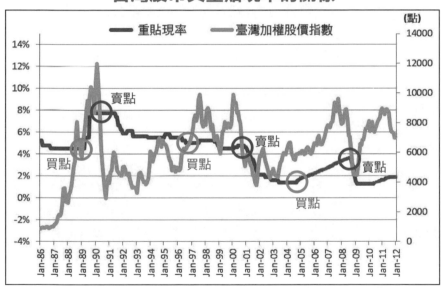

投資小常識

重貼現率代表銀行向中央銀行融通資金的成本，中央銀行調整重貼現率將會影響銀行的資金成本，進而達到調節市場資金水位的目的。

掌握匯率升貶的趨勢

　　投資共同基金時，關注匯率的變化也是必要的，因為它會左右全球資金的流向，進而影響股市的行情。例如當市場預期新台幣將持續貶值時，不管是台灣的投資人或外資，都會擔心新台幣貶值使他們的新台幣資產縮水，而將資金匯出台灣，造成資金的外流，間接影響台股的資金動能，使股市下跌。相反的，當市場預期新台幣將持續升值時，則有利於股市的上漲。如果從另一個角度分析，市場對股市行情的預期也會影響新台幣匯率的變動，例如外資看好未來台灣的股市行情，也會將資金匯入台灣，造成新台幣升值的壓力（因新台幣需求增加）；相反的則會有貶值的壓力。

　　整體而言，新台幣升值對台股是有利的；新台幣貶值對台股則不利。因此，當市場預期新台幣持續升值時，便是買進台股基金的時機；而當市場預期新台幣持續貶值時，則是贖回台股基金的時機。

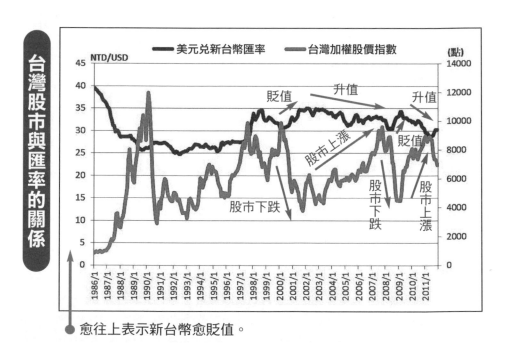

台灣股市與匯率的關係

● 愈往上表示新台幣愈貶值。

掌握M1b與M2的相對變化

　　M1b與M2分別代表貨幣總計數的不同定義，是衡量一個國家貨幣供給額的指標。M1b包括流通在外通貨、支票存款、活期存款及活期儲蓄存款；M2除了M1b外，還包括定期存款、外幣存款等準貨幣。由於M1b可直接拿來投資股市，因此與股市資金動能關係最為密切。

台灣股市與貨幣總計數的關係

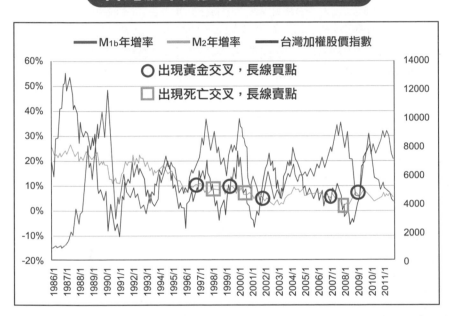

當M1b年增率上升時，代表金融市場的資金充沛，多餘的民間游資會流向股市，帶動股市的上漲，尤其是出現M1b年增率向上突破M2年增率的「黃金交叉」現象，最具指標意義，這時代表很多投資人將定存資金轉往活存，股市將因資金動能充足而展開一波多頭行情。

相反的，如果M1b年增率下跌，甚至出現低於M2年增率的「死亡交叉」現象，代表很多投資人將原先投入股市的資金抽離，股市將因資金動能不足而展開一波空頭行情。因此，投資人可掌握M1b與M2的相對變化來尋找股票型基金的長線買賣點。

要小心趕流行的基金

　　2006年到2007年間，由於油價飆漲，當時所有人都在談論替代能源的議題，國內太陽能個股也表現不俗，益通股票在掛牌之初就衝上千元股王寶座，替代能源類股成了當紅炸子雞，只要跟替代能源沾得上邊的股票都大漲，為了跟上這波替代能源熱潮，有投信業者在2006年10月趁勢推出「全球綠能趨勢基金」，立刻引起熱烈迴響，2007年5月甚至還因為銷售過熱而暫停申購。

　　然而，好景不常，2008年爆發金融海嘯，全球經濟急轉直下，歐美國家紛紛降低替代能源產業的補助，使得替代能源產業出現供過於求的窘境。2009年，替代能源產業雖因金融海嘯停歇而有所起色，但不幸的是歐債危機卻在2010年引爆，且至今仍持續蔓延，由於歐洲是全球替代能源最大的市場，在經濟衰退的情況下，自然無法支撐替代能源的需求，使得替代能源產業再度受到重創。這兩場金融危機讓當初瘋狂追捧替代能源基金的投資人損失慘重。

　　由這個例子可知，當投資人或投信公司一窩蜂搶進或搶發同類型基金時，往往代表該類型基金背後所投資的標的市場，可能有泡沫化的疑慮，如果你已經持有這類型的基金，最好先獲利了結，空手的人就不要貿然介入，耐心等待行情修正完畢後，再伺機買進。

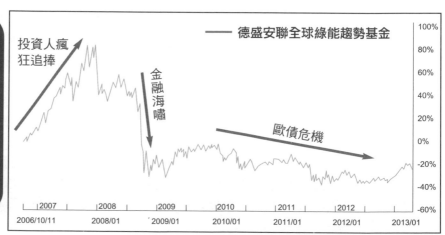

全球綠能趨勢基金的績效表現

德盛安聯全球綠能趨勢基金

投資人瘋狂追捧

金融海嘯

歐債危機

資料來源：基智網，2006/10/11～2013/4/26

善設停利和停損點

相信每個人都了解當股市出現不理性漲跌時要反向操作，但有幾個人辦得到呢？既然如此，不如利用機械式操作法來突破人類的心理障礙。在基金有賺錢的時候，設定一個能滿足自己的停利點，當淨值來到停利點時，便毅然決然贖回基金，不要想要贖回在最高點；相反的，如果基金賠錢，則設定一個自己能忍受的停損點，當淨值來到停損點時，也要毫不考慮的贖回基金，轉進績效相對較好的基金，所謂「留得青山在、不怕沒柴燒」就是這個道理，否則一直抱著績效不好的基金等待解套，可能會抱愈久，賠愈多，尤其是當無法承受的時候，就容易在恐慌情緒下將基金贖回在最低點。

停利點、停損點的設定要訣

● 停利點、停損點要設在哪裡？其實這沒有標準答案，全看個人主觀決定。所以投資人必須依據自己對獲利的滿足程度，以及對損失的忍受程度，設定適當的停利點及停損點。

● 如果停利點設得太高，完全沒有意義，因為淨值不見得會來到這個點，一樣會產生抱上去又抱下來的情況，最後白忙一場。

● 如果停損幅度設得太小，可能會因為太快停損出場而喪失後面的上漲行情，畢竟共同基金不可能一買就上漲，只要市場的多頭趨勢沒有改變，短期套牢不須擔心，且進出太過頻繁也會徒增交易成本。

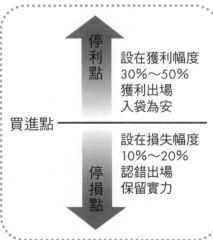

停利點　設在獲利幅度 30%～50% 獲利出場 入袋為安

買進點

停損點　設在損失幅度 10%～20% 認錯出場 保留實力

買在市場極度悲觀時
賣在市場極度樂觀時

　　金融市場猶如戰場，考驗著人類貪婪及恐懼的弱點。以股票市場為例，當市場一片看好時，投資人常因貪婪而勇於追高股票；當市場一片看壞時，也常因恐懼而殺低股票，因此，在市場極度樂觀或悲觀的情緒下，股市常常出現超漲或超跌的現象。

股市超漲時

✕　這時投資人反而勇於申購基金。

◯　股市超漲時，捨得贖回基金的投資人往往是贏家，在高檔加碼基金者通常是輸家。

股市超跌時

✕　基金贖回潮湧現，投資人甚至停止定期定額扣款。

◯　敢去撿便宜的投資人往往是贏家，在低檔贖回基金者通常是輸家。

投資人必須克服人性的弱點，在股市出現極端走勢時「反向操作」，才能戰勝股票市場。雖然大多數人都知道這個道理，但實際上卻很少人能做到，這就是多數人投資股票很難賺到錢的原因。

投資錦囊

要如何觀察股市是否出現超漲或超跌的現象？其實很簡單，只要生活周遭的人都在談論股票、成交量暴增、融資餘額大幅增加、多數股票暴漲的時候，代表股市進入超漲的階段，你就必須要提高警覺了；當周遭的人對股票心灰意冷、成交量萎縮、市場出現恐慌性殺盤、融資追繳令萬箭齊發、多數股票暴跌的時候，代表股市進入超跌的階段，你就可以勇敢進場撿便宜了。

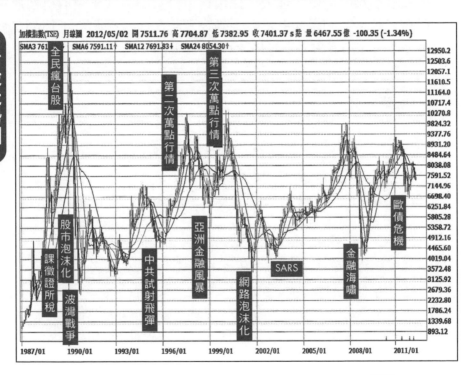

台股走勢圖

加權指數(TSE) 月線圖 2012/05/02 開 7511.76 高 7704.87 低 7382.95 收 7401.37 s點 量 6467.55 億 -100.35 (-1.34%)

SMA3 761 SMA6 7591.11↑ SMA12 7691.83↓ SMA24 8054.30↑

圖中標示：全民瘋台股、第二次萬點行情、第三次萬點行情、課徵證所稅、股市泡沫化、波灣戰爭、中共試射飛彈、亞洲金融風暴、網路泡沫化、SARS、金融海嘯、歐債危機

此圖可印證華爾街的一句名言：
「行情總在絕望中誕生、在半信半疑中成長，在憧憬中成熟，在希望中毀滅。」

利用定期投資法免除挑選買賣時點的煩惱

　　第4篇曾經介紹單筆投資、定期定額投資，以及定期不定額投資等三種申購基金的方式。如果你有能力掌握投資時點而且能夠克服人類貪婪恐懼的弱點，你大可採用單筆投資的方式來賺取更多的獲利機會。但是，如果你老是抓不到投資時點而且擺脫不了追高殺低的宿命，「定期投資」會是比較適合你的投資方式。

定期投資的投資須知

● 無論是定期定額或定期不定額投資法都具有分散投資時點、平均投資成本的功能，投資人不須太在意短期市場的波動，無論行情好壞，時間一到就買進基金，可免除挑選買賣時點的煩惱，類似銀行的零存整付，可強迫自己儲蓄。透過這樣的機械式操作，也能避免單筆買在高檔或因恐慌在低檔不敢買的毛病。

● 採用定期投資法並不是要你一直買而不贖回基金；其實在定期投資的過程中，如果行情已來到你所設定的停利點，你可以贖回一部分的基金，但不要停止扣款，如此才能將獲利落袋為安，避免紙上富貴的情況發生。

● 當行情不佳時，千萬不要因為恐慌而停止扣款，畢竟定期投資法的基本功能就是透過低檔買進來平均投資成本，如果你在行情不佳時停止扣款，就無法發揮定期投資的優點了。

股市行情與共同基金 申購意願的關係

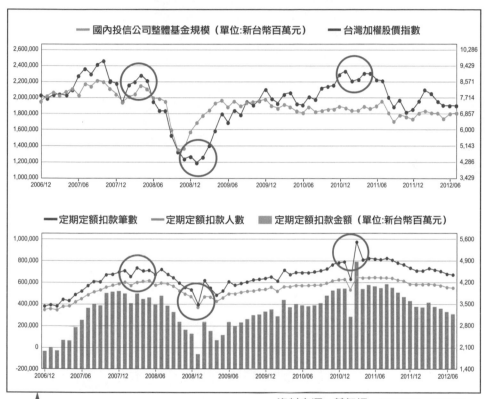

資料來源：基智網，2006/12～2012/6

從此圖中，可以看出股市行情與定期定額扣款筆數、人數或金額
成正向的關係。代表很多投資人在行情低迷時會停止扣款，其實
這是很可惜的，無法達到平均投資成本的效果。

投資筆記

實用投資系列2
小資致富，基金投資 聰明存錢

2013年9月初版　　　　　　　　　　　　　　　　定價：新臺幣280元
有著作權・翻印必究.
Printed in Taiwan

著　者	謝　劍　平	
	林　傑　宸	
發 行 人	林　載　爵	

出　版　者	聯經出版事業股份有限公司	叢書主編	鄒　恆　月
地　　　址	台北市基隆路一段180號4樓	特約編輯	葉　冰　婷
編輯部地址	台北市基隆路一段180號4樓	插　畫	陳　冠　融
叢書主編電話	(02)87876242轉223		葉　安　如
台北聯經書房：	台北市新生南路三段94號	封面設計	黃　聖　文
電　　　話：	(02)23620308		
台中分公司：	台中市健行路321號1樓		
暨門市電話：	(04)22371234ext.5		
郵政劃撥帳戶第0100559-3號
郵撥電話：	(02)23620308
印　刷　者	文聯彩色製版印刷有限公司
總　經　銷	聯合發行股份有限公司
發　行　所：	新北市新店區寶橋路235巷6弄6號2樓
電　　　話：	(02)29178022

行政院新聞局出版事業登記證局版臺業字第0130號

本書如有缺頁，破損，倒裝請寄回聯經忠孝門市更換。　ISBN　978-957-08-4249-4 (平裝)
聯經網址：www.linkingbooks.com.tw
電子信箱：linking@udngroup.com

國家圖書館出版品預行編目資料

小資致富，基金投資 聰明存錢/
謝劍平、林傑宸著 . 初版 . 臺北市 . 聯經 . 2013年
9月（民102年）. 168面 . 17×23公分
（實用投資系列：2）
ISBN　978-957-08-4249-4（平裝）

1.基金　2.投資

563.5　　　　　　　　　　　　　　　　102015697